NLP für Anfänger

Deine geistige Autobahn zu Glück & Erfolg

Wie du dank der geheimen Techniken & Methoden der besten NLP Practitioner Trainer erfolgreich sein & alle deine Ziele erreichen wirst

NextLevel
ACADEMY

2. Auflage

Inhaltsverzeichnis

Vorwort

NLP steht für Neuro-Linguistische Programmierung. Neuro bezieht sich auf deine Neurologie; Linguistik bezieht sich auf Sprache; die Programmierung bezieht sich darauf, wie diese neuronale Sprache funktioniert. Mit anderen Worten: NLP zu lernen ist wie die Sprache des eigenen Verstandes zu lernen! Lass uns das mit einem Beispiel vereinfachen.

Hast du jemals versucht, mit jemandem zu kommunizieren, der deine Sprache nicht beherrscht und dich nicht verstehen konnte? Das klassische Beispiel dafür sieht wie folgt aus: wenn jemand in ein Restaurant in einem fremden Land geht und davon ausgeht, dass er ein leckeres Fischfilet bestellt hat. Doch wenn das Essen dann kommt, stellt sich heraus, dass er tatsächlich nach Lebersuppe gefragt hat. Das ist die Art von Verhältnis, die die meisten von uns zu ihrem eigenen Unterbewusstsein haben.

Wir denken vielleicht häufig, dass wir mehr Geld, eine glückliche, gesunde Beziehung und Frieden mit unseren Familienmitgliedern haben und uns an eine gesunde Ernährung halten können... aber wenn es nicht das ist, was zum Vorschein kommt, geht wahrscheinlich etwas in der Übersetzung verloren.

In NLP gibt es ein Sprichwort: Der bewusste Geist ist der Zielsetzer und der unbewusste Geist ist derjenige, der das Ziel erreicht. Dein Unterbewusstsein ist nicht darauf aus, dir eins auszuwischen – vielmehr ist es darauf ausgerichtet, dass du für dich selbst erreichst, was immer du im Leben willst. Wenn du jedoch nicht weißt, wie du kommunizieren sollst, was du wirklich willst, wird es immer wieder dampfende Schüsseln mit Lebereintopf geben, die dir der Koch serviert, weil du nicht richtig kommunizieren konntest.

Wenn es eine Sache oder Gewohnheit gäbe, die du ändern könntest – was wäre es dann? Würdest du bei Präsentationen ruhig bleiben? Würdest du mit dem Prokrastinieren aufhören und weniger Zeit auf Facebook verbringen? Nicht einen ganzen Beutel Kartoffelchips oder einen Kübel Eiscreme in einem Durchgang verschlingen? Was auch immer es ist, erkenne, dass es dein Unterbewusstsein nur deshalb tut, weil es denkt, dass es das ist, was du wirklich willst. Die neurolinguistische Programmierung ist wie ein Benutzerhandbuch für das Gehirn – wenn du die Grundsätze des NLP lernst, ist es als würdest du die Sprache des Verstands lernen, sodass der stets so hilfreiche „Server", also dein Unterbewusstsein, endlich versteht, was du eigentlich vom Leben willst.

NLP ist das Studium einer ausgezeichneten Kommunikation – sowohl mit dir selbst als auch mit anderen. Es wurde von erfahrenen Kommunikatoren und Therapeuten entwickelt und modelliert. NLP ist eine Reihe von Hilfsmitteln und Techniken, aber es ist so viel mehr als das. Es ist eine Einstellung und eine Methodik, die es dir ermöglicht, zu wissen, wie du deine Ziele erreichst und Ergebnisse erzielst.

In diesem Buch erhältst du spezifische Prozesse, um diese alten Muster zu aktualisieren und neue zu erstellen. Du wirst einfache und fundierte Lösungen für Probleme wie Ängste, Prokrastination und Motivation finden. Zudem wirst du wirkungsvolle Strategien für sofortige und nachhaltige Ergebnisse in Bereichen wie Selbstvertrauen lernen und üben.

Das mag nach ziemlich großen Versprechungen klingen und doch sind die Möglichkeiten nicht überbewertet. Die Grundlage dafür ist NLP. Es ist ein komischer Name für eine wesentliche Funktion des Lebens: das Verstehen und Verwalten des eigenen Geistes. NLP ist bekannt für seine schnellen Lösungen für Phobien, lang anhaltende Ängste, Sorgen und vieles mehr.

Wie so viele großartige Ideen wurden auch die Konzepte von NLP von vielen Führungskräften in ihren Bereichen angenommen – heute, mehrere Jahrzehnte nach seiner Gründung, erscheinen Echos des NLP in allen Arten von Büchern, Schulungen, Coaching und Motivationsreden. Wenn du dieses Buch durchliest und mehr über NLP lernst, wirst du die vielen Möglichkeiten und Menschen erkennen, die es als Teil ihrer Arbeit übernommen haben.

Dieser essentielle Leitfaden bietet dir verschiedene Möglichkeiten zur Schaffung und Aufrechterhaltung von Motivation, um dich auf dem Weg zu deinen Zielen voranzubringen. Wenn du wirklich weißt, was du willst und wie wichtig dir diese Dinge sind, wirst du feststellen, dass sich all deine internen Ressourcen anpassen. Du wirst feststellen, dass die Reibung, die Ablenkungen und das Zögern wegschmelzen werden.

Du wirst neue Wege entdecken, um mit anderen Menschen in Kontakt zu treten und sie zu verstehen, was das Erreichen von Kooperationen und einer gemeinsamen Richtung einfacher und befriedigender als je zuvor macht. Und das kommt von einer Person, die früher echte Probleme mit Schüchternheit und Reden in der Öffentlichkeit hatte. Ich weiß aus erster Hand, was für einen lebensverändernden Unterschied die Verwendung des NLP machen kann. Die Verwendung der Konzepte und Techniken kann eine starke und dauerhafte Wirkung haben. Ich habe Hunderte von Menschen in NLP-Konzepten und -Techniken geschult und infolgedessen gesehen, zu welch bemerkenswerten Veränderungen Menschen in ihrem Leben fähig sind.

Du wirst auch ein neues Verständnis für andere Menschen bekommen, weil du eine bessere Vorstellung davon hast, was in ihnen vor sich geht. In den meisten Fällen wissen die meisten Menschen nicht, wie sie im Inneren funktionieren. Sie sind wirklich nicht in der Lage, dir zu sagen, was sie dazu bringt, einen bestimmten Gedanken zu denken oder zu tun, was sie eben tun.

Du wirst etwas über das Innenleben anderer Menschen lernen, indem du einfach Verhaltensweisen beobachtest und die richtigen Schlüsselsignale wahrnimmst. Dieses Bewusstsein hilft dir auch dabei, zugänglicher, sympathischer und geschmeidiger zu sein, wenn du kommunizierst. Natürlich ist die Belohnung an dieser Stelle die Macht des Einflusses. Das Wissen, das du über die Funktionsweise von Menschen gewinnen wirst, gibt dir echte Überzeugungskraft.

Was ist NLP?

NLP ist eine bahnbrechende Erforschung des Prozesses des menschlichen Denkens. Mit anderen Worten: es ist das Erforschen dessen, was tatsächlich vor sich geht, wenn wir denken. Ich meine damit nicht die physischen oder elektrochemischen Reaktionen, sondern was wir wahrnehmen würden, wenn wir uns die Schritt-für-Schritt-Aktivität des Denkens ansehen würden. Das Interessante am Verstand ist, dass, wenn du ein Gehirn nimmst und es öffnest, eben diesen Verstand nicht finden könntest. Du wirst kein Gedicht, den Geschmack von Schokolade oder das Gefühl deines ersten Kusses finden. Alles was du findest, ist ein Haufen Nervengewebe. Das Nervengewebe in deinem Gehirn fungiert als Träger. Es ist fast wie ein Computer. Es verhält sich wie eine Festplatte oder ein Motherboard und im Grunde genommen ist es so konzipiert, dass es verschiedene Daten speichert und diese zusammenstellt, neu zusammensetzt, neu anordnet und abruft, wann immer du willst.

NLP ist ein Verständnis – nicht des Gehirns – sondern davon, wie sich der Geist unter Nutzung des Gehirns in deinem Leben ausdrückt und das erschafft, was du deine Erfahrung nennst. In diesem Moment liest du zum Beispiel diese Worte. Doch diese Worte sind nicht deine Erfahrung. Deine Erfahrung besteht aus diesen Worten, die mit dem vermischt sind, was du im Moment um dich herum siehst, wo du sitzt und wie sich dein Körper fühlt.

Ein Teil deiner Erfahrung besteht im Moment aus den Dingen, die du dir selbst sagst, wie „Oh Mann, ich wünschte, er würde mehr zu diesem Thema sagen“ oder „Das ist interessant“ oder „Ich weiß nicht, ob das wahr ist oder nicht“ oder aber auch " Werde ich wirklich den

Wert meines Geldes aus der ganzen Zeit herausholen, die ich gerade aufbringe?“ Die Kommentare, die du im Laufe der Zeit machst, gepaart mit deinem visuellen und physischen Empfinden, während du liest, verschmelzen mit meinen Worten – all das zusammen wird zu deiner Erfahrung.

Warum ist NLP kein Standardansatz?

Dies ist eine der schwierigsten, wenn nicht sogar die beunruhigendste Frage. Hier ist eine bekannte Tatsache:

Das neurolinguistische Programmieren hat einen signifikanten Einfluss auf Psychotherapie, Beratung, Verkauf, Coaching, Führung und viele andere Berufsfelder ausgeübt. Trainer und Therapeuten haben sich Techniken aus dem neurolinguistischen Programmieren angeeignet oder wurden von diesen beeinflusst. Allerdings hat das neurolinguistische Programmieren keinen dauerhaften Platz in der akademischen Praxis eingenommen und nur wenige etablierte Therapeuten erkennen es an.

Es gibt mehrere Hauptgründe. Ein Grund dafür liegt darin, dass es sehr unterschiedliche und nicht immer kompetente oder ehrliche Befürworter angezogen hat. Wir kennen einige dieser Leute, nicht wahr? Ein weiterer Grund besteht darin, dass seriöse akademische Forschungseinrichtungen und Führungskräfte NLP aus eigenen Gründen nicht unterstützten. Leider haben sich die Forscher auf die falschen Dinge konzentriert.

Sie haben sich für Aspekte entschieden, die leicht zu erforschen waren, aber nicht wirklich NLP darstellten. Außerdem war ein beträchtlicher Teil der ersten Schriften über NLP hauptsächlich für Selbsthilfe und weniger gut ausgebildete Leser bestimmt und es gab keine allgemein akzeptierte zentrale Instanz zur Festlegung von Standards.

Da die zentralste Grundidee des neurolinguistischen Programmierens darin besteht, Schulungen zu modellieren und zu gestalten, war es dazu bestimmt, sehr unterschiedliche Ausläufer hervorzubringen. Darüber hinaus neigen die Menschen dazu, NLP mit den Techniken zu verwechseln, die daraus resultieren. Sie haben den Eindruck, dass NLP keine zusammenhängende Identität hat oder dass es nur ein Weg ist, um Erfolgsseminare zu fördern oder Menschen zu hypnotisieren. Ich hatte die gleiche Vorstellung von diesem Gebiet, bevor ich es gründlich studierte. Ich zeige nicht mit dem Finger und gebe niemandem die Schuld für diese unglückliche Entwicklung. Wer ist schuld und warum musste es so kommen – das sind Fragen für Historiker.

Der durchschnittliche Selbsthilfe-Suchende war sofort mit an Bord. Das war sicherlich der gleiche Eindruck, den Akademiker hatten. Sie suchten nach klaren Ideen, fanden aber in NLP einen Mischmasch aus unwissenschaftlichem Denken, der das Wesen und die Beiträge von NLP verschleierte. Für sie gab es keinen konkreten Punkt. Das Ergebnis ist, dass viele Therapeuten Techniken verwenden, die aus der NLP entstanden sind, jedoch ohne zu wissen (oder es anzuerkennen), wo es herkam.

Das hat dazu geführt, dass NLP mit den ausgefalleneren oder ausgegrenzten Praktizierenden identifiziert oder einfach ignoriert oder vergessen wird. Ein Großteil der NLP-Praktizierenden hat auch seine Glaubwürdigkeit beeinträchtigt, weil es einen verstreuten oder kleinlichen Stil hatte. Es scheint, dass der Schwerpunkt von NLP auf Innovation, „mundgerechten" Techniken und großartigen Versprechungen eher Menschen mit unbehandelten Symptomen von Aufmerksamkeitsstörungen (ADS/ADHS) oder anderen Problemen anzog, die Aufklärung erfordern.

Dies scheint einen sich selbst aufrechterhaltenden Zyklus hervorgebracht zu haben, der das Schicksal der NLP in Bezug auf den Massenmarkt besiegelte. Dies bedeutete, dass die größten Vermögenswerte, die zur Förderung von NLP übrig blieben, die Klienten der NLP-Praktizierenden waren. Ihre Stimmen waren zwar weitgehend positiv, aber kollektiv nicht stark genug, um NLP in einen Status zu versetzen, der so dauerhaft ist wie die kognitive Psychotherapie – doch NLP erlebte eine starke Interessenswelle, die etwa 20 Jahre andauerte. Wir sind nicht hier, um in der Vergangenheit zu verweilen oder zu protestieren oder die Tür (oder das Fenster) eines Forschers zu zerstören. Wir sind hier, um zu lernen, wie wir uns in verschiedenen Bereichen unseres Lebens verbessern und effektiver kommunizieren können – mit uns selbst und mit anderen. Mit steigender Anwendung wird die neurolinguistische Programmierung hoffentlich weiter in den Mainstreambereich rücken.

Wir wissen heute, dass viele Konzepte, die vor mehr als vier Jahrzehnten in die Schulung des neurolinguistischen Programmierens eingeflossen sind, nicht wirklich durch angemessene Beobachtung, Erfahrung oder wissenschaftliches Verständnis unterstützt wurden. Dennoch findet man heute noch viele dieser veralteten und altmodischen Konzepte und Methoden in vielen NLP-Programmen. Dies ist ein Beweis für die Kraft von Traditionen, Gruppendenken und Wunschdenken. Im Gegensatz dazu rückt dieses Buch, das du gekauft hast, die grundlegenden Annahmen und Funktionen von NLP in den Vordergrund und zeigt sie in der Praxis, damit du sie problemlos anwenden kannst. Ich hoffe, dass du herausfindest, dass es NLP besser zugänglich macht, da es neue Techniken und Erklärungen liefert, die dein Repertoire auf wissenschaftlich vertretbare Weise erweitern.

Klar definierte Ziele

Mache einen wesentlichen Schritt in Richtung Erfolg, indem du klar definierte Ergebnisse schaffst. Ein klar definiertes Ergebnis beantwortet die Frage: „Was willst du wirklich?"

Ich verwende beim Erreichen meiner Ziele häufig folgenden Ansatz: Sein -> Tun -> Haben.

Nach diesem Ansatz musst du zuerst die Art von Person werden, die in der Lage ist, dein Ergebnis zu erreichen und dann die Handlungen ausführen, die erforderlich sind, um die Früchte deiner Anstrengungen zu genießen. Da der Großteil unseres Verhaltens darauf ausgerichtet ist, bestimmte Ergebnisse (Ziele und Wünsche) zu erreichen, ist es sehr wichtig, diese Ergebnisse im Voraus zu definieren. Wenn du weißt, wo du sein willst, wirst du in einer besseren Position sein, um die richtigen Wegweiser zu erstellen, die dich führen. Noch besser: du wirst in der Lage sein, neue, einfachere oder schnellere Wege zu finden, um dorthin zu gelangen.

Ziele können einen großen Teil zur Erreichung von Spitzenleistungen beitragen. Dein Ziel kann es sein, eine schöne Zeit auf einer Party zu haben oder innerhalb von drei Jahren Millionär zu werden. Es gibt viele verschiedene Arten von Zielen. Stelle deinen Verstand auf dieses Ergebnis ein, als ob du es erreicht hättest und öffne dein Bewusstsein für die Möglichkeiten, um dieses Ergebnis zu verbessern. Die Zeit zum Überarbeiten deiner Ergebnisse ist reif, bevor du anfängst, eine Menge Ressourcen zu investieren. Der beste Weg, um dich auf deine höchsten Ziele auszurichten, besteht darin, flexibel zu bleiben, das Ergebnis nach Bedarf zu überarbeiten und das Ergebnis in etwas noch

Besseres zu verwandeln. Jetzt entwickelst du eines der Markenzeichen des NLP – die Ökologie, in der alle Teile von dir mit dem Ergebnis übereinstimmen, in dem deine Wünsche, deine Werte und deine Bedürfnisse alle in eine starke Richtung ausgerichtet sind.

Schritt 1: Setze dir ein positives und spezifisches Ziel

Definiere dein Ergebnis/Ziel in positiven und spezifischen Begriffen. Nimm dir die Zeit, um genau zu beschreiben, was du willst. Ein negatives Ziel führt dich nicht in diese positive Richtung. Vermeide Ziele wie „Ich will kein Perfektionist sein." Die Verneinung ermutigt das Unterbewusstsein, das zu erschaffen, dem du dich eigentlich zu widersetzen versuchst. Wenn du ein Problem beseitigst und es durch etwas Positives und Einfallsreiches ersetzt, was wäre es dann? Beschreibe es.

Schritt 2: Gib dein Ergebnis in Bezug auf die Fähigkeit an, nicht auf die mangelnde Fähigkeit

Denke an die Aussage: „Ich will, dass andere mich unterstützen." Das ist kein wohlgeformtes Ergebnis. Tatsächlich wird dieses Denken dich davon abhalten, Fortschritte zu machen! Es ist wahr, dass einige Ziele die Unterstützung zusätzlicher Personen erfordern, aber dieses vage Ergebnis sagt nicht aus, was du tun wirst, um die Unterstützung zu erhalten und was genau diese Unterstützung bedeutet. Betrachte diese Alternative:

„Bis Ende der Woche werde ich einen Ansatz entwickelt und angewendet haben, der von den Leuten eine sehr positive Antwort auf dieses Thema erhält. Ich werde es weiter verbessern, bis es sehr effektiv ist."

Beachte, dass das Ergebnis auf deinen Handlungen basiert. Außerdem muss es in deiner Verantwortung und Fähigkeit liegen. Frage dich selbst:

„Was könntest du selbst tun, um es zu erreichen?"
„Welche Maßnahmen würdest du ergreifen, um deine Chancen in dieser Woche zu erhöhen"

Schritt 3: Kontext

Die Bedeutung eines Ereignisses oder einer Erfahrung wird für gewöhnlich durch den Kontext definiert. Beschreibe dein klar definiertes Ergebnis im Kontext des Umfeldes, in dem du es realisieren möchtest. Das sorgt dafür, dass dein Ziel spezifischer wird und dich eher motiviert. Ein wohlgeformteres, kontextbezogeneres Ergebnis wäre: „Ich möchte innerhalb der nächsten 12 Monate 70.000€ verdienen, indem ich meine NLP-Fähigkeiten an Versicherungsagenturen als Verkaufstrainer für ihr Telemarketing-Team verkaufe". Füge Orte, Geographie, Personen und ihre Titel, ein Budget, Zeitrahmen und mehr hinzu. Indem du es spezifisch und kontextbezogen machst, machst du es real für dein Gehirn. Noch ein Gedanke zum Thema Kontext:

- Wo willst du nicht, dass auf dieses Verhalten reagiert wird?

Würdest du zum Beispiel jeden Tag wie ein Kind mit deinen Kindern spielen wollen, damit sie sich mit dir wohler fühlen? Großartig. Aber du würdest dich nicht genauso verhalten wollen, wenn dein

Ehepartner im Bett liegt, oder? Deshalb ist der Kontext extrem wichtig.

Du kannst dir zum Ziel setzen, mit mehr Leidenschaft und Sexualität mit deiner Frau zu reden, aber wenn du den Kontext vergisst, der „mit deiner Frau" in Verbindung steht, könnte es sein, dass du die falsche Tonalität anwendest, die du mit deinem Chef hast.

Schritt 4: Sinnesmodalitäten

Beschreibe dein Ergebnis mit deinen fünf Sinnen. Ein gut geformtes Ergebnis ist spezifisch. Indem du alle Sinne hinzufügst, bist du spezifischer und wieder motivierter. Dies verleiht deinen positiven, unbewussten Strategien Kraft. Wenn du ein Wort wie „Liebe", „geschätzt" oder „leidenschaftlich" verwenden musst, stelle sicher, dass du die Sinne einbeziehst, die diese Emotion ausmachen. Was bedeutet es für dich aus sensorischer Sicht, dich mehr geschätzt zu fühlen?

- Wie fühlt sich „geschätzt" an?
- In welchem Teil deines Körpers spürst du es?
- Wer schätzt dich und was für einen Ausdruck hat diese Person in ihrem Gesicht?

Schritt 5: Ziele

Zerlege dein Ziel in überschaubare Ziele (Stücke), sodass du mehr Motivation spürst und bessere Problemlösungen erhältst. Stelle sicher, dass die Ziele in erreichbaren Worten definiert werden. Kleinere Schritte fühlen sich besser an. Dies fügt eine unbewusste Motivation hinzu. In der NLP nennen wir diese Aufgliederung „Chunking down".

- Wie fühlst du dich, wenn du darüber nachdenkst, ein ganzes Buch zu schreiben?
- Oder 20 Kilo abzunehmen?

Schritt 6: Unterstützung

Arrangiere die Hilfe, die du brauchst, um dieses Ergebnis zu verwirklichen. Welche Ressourcen benötigst du? Mache eine Liste der Ressourcen, die du zur Erreichung deines Ziels verwenden wirst. Nehmen wir an, eine wichtige Ressource sind die Teammitglieder und eine Ressource, um sie zu gewinnen, ist eine überzeugende Präsentation. Dieses Ergebnis beinhaltet beides:

„Bis Ende der Woche werde ich eine vollständige Liste von Personen haben, die gute Kandidaten für eine Zusammenarbeit bei diesem Projekt darstellen. Bis zum Ende der darauffolgenden Woche werde ich einen überzeugenden Ansatz für die Kontaktaufnahme geschaffen und mindestens zwanzig davon angerufen haben. Ich werde fortfahren, bis ich fünf glaubwürdige Zusagen habe.“

Nochmals, sei präzise:

- Wer sind die Menschen, die dir helfen können?
- Wie lauten ihre Namen?
- Welchen Berufen gehen sie nach?
- Was ist mit ihren Telefonnummern?
- Was genau solltest du sie fragen?
- Welche Emotionen musst du in dir selbst entwickeln?
- Brauchst du mehr Selbstvertrauen, Widerstandsfähigkeit, Freude oder Durchsetzungsvermögen?
- Wie viel Geld?

- Welche Informationen sind wichtig? Welche Fragen müssen vorab beantwortet werden?
- Was brauchst du noch?

Schritt 7: Führe einen Ökologiecheck durch

- Was könnte dein Ziel stören?
- Gibt es Werte, andere Ziele, Menschen oder Gesetze, die eine Herausforderung darstellen?
- Wie könntest du dich jetzt anpassen oder mäßigen, um deinen Traum zu verwirklichen?
- Berücksichtige alle internen Hindernisse, die du hast.
- Beeinträchtigt ein Teil von dir dein Ziel?

Schritt 8: Erstelle deine Meilensteine

Bestimme selbst, woher du weißt, dass du in die richtige Richtung und im richtigen Tempo voranschreitest. Du musst wissen, welche Anzeichen des Fortschritts du auf dem Weg beobachten wirst. Eine Möglichkeit, Meilensteine zu erstellen, besteht darin, die Ressourcen aus der Checkliste auf eine Zeitachse zu setzen. Die Unbestimmtheit in Bezug auf Meilensteine ist ein Warnzeichen. Markiere in deinem Kalender die Termine, an denen du jeden Meilenstein überprüfen wirst. Notiere in deinem Plan genau, was du bis zu diesem Datum sehen möchtest. Ein großer Liebhaber zu sein ist ein großartiges Ziel; aber was ist mit dem Erlernen der Körpersprache der Person, mit der du zusammen bist? Das wäre ein hervorragender Fortschritt auf dem Weg zu deinem Ziel. Selbst etwas, das unbedeutend erscheint, kann ein guter Meilenstein sein. Wenn du reich werden willst, ist das kontrollierte Verwalten deines Budgets Teil deines Gesamtkonzepts, so trivial es auch erscheint.

Schritt 9: Schreibe deine Ziele auf

Das Aufschreiben deiner Ziele, Zielsetzungen und Meilensteine hat viele Vorteile. Wenn du ein Notizbuch oder eine Datei dafür hast, hast du einen Platz für Problemlösungen und Innovationen. Manchmal verwandelt sich ein verirrter Gedanke in eine Goldmine, wenn du später darauf stößt. Die getrennten Abschnitte für diese Elemente bieten dir eine Arbeitsgrundlage, um Meilensteine zu überprüfen, deine Ziele zu verfeinern und auf deine Ziele hinzuarbeiten. Ungeschriebene Ziele sind nicht das Papier wert, auf dem sie geschrieben sind, doch das geschriebene Wort ist mächtig.

Wie du jeden mit Pacing und Leading überzeugen kannst

Es gibt im Englischen ein beliebtes Sprichwort: „Don't bring a knife to a gunfight". Was auf Deutsch so viel bedeutet wie: „Bring kein Messer zu einer Schießerei mit." Wer würde das tun? Das wäre albern. Warum vermarkten dann Unternehmer ihre Geschäfte (eine wahre Schießerei, wenn es jemals eine gab), ohne die überzeugende Äquivalenz von Waffen zu nutzen? Pacing (Tempo)
und Leading (Führung) ist eine dieser Waffen und könnte durchaus eine der mächtigsten Techniken für die Überzeugungspsychologie im Marketing sein. Einfach ausgedrückt: es ist eine der großen Waffen.

Wie wird Pacing and Leading verwendet?

Beim Pacing geht es um die Abstimmung von Körpersprache, Verhaltensweisen und Stimmtonalität. Das Pacing kann mit dem Einhalten des Tempos mit der anderen Person verglichen werden und nachdem du das getan hast, ist es mehr als wahrscheinlich, dass sie deinem Beispiel folgen wird (Leading). Dies ist nützlich, wenn wir positive Veränderungen in anderen bewirken wollen.

Das Pacing und Leading wird in vielen Situationen eingesetzt. Im Marketing werden Pacing und Leading beim Copywriting verwendet, um den Leser oder Hörer zu beeinflussen und ihm das Gefühl zu geben, dass du direkt mit ihm sprichst. Wie? Indem wir das nutzen, was wir für den Zielmarkt als wahr erachten, ihn an Emotionen binden und zu einem logischen Ergebnis führen. Da das Pacing (Tempo) und Leading (Führung) häufig als Sprachstil im normalen Gespräch verwendet wird, kann es schwer zu erkennen sein.

,üssen wir uns ein Beispiel aus einer Situation ansehen, der alerweise nicht begegnen würden, wie der Hypnose. Denke a... Person auf dem Stuhl eines Hypnotiseurs. Der Hypnotiseur sagt: „Wenn du ein- und ausatmest und dem Klang meiner Stimme lauschst, bemerkst du die Gefühle der Schläfrigkeit in deinen Augenlidern...“. Verstehst du, was dort vor sich geht? Du sitzt mit geschlossenen Augen auf dem Stuhl eines Hypnotiseurs und hörst zu, wie er spricht. Du atmest und hörst zu. Wenn der Hypnotiseur also sagt, was wahr ist, schreibt er die Bedeutung einer dritten Sache zu... wie ein Gefühl der Schläfrigkeit. Es ist eine logische Kette, die andeutet, dass, wenn dies und jenes geschieht, eine andere Sache geschehen wird.

Pacing... und Leading...

Wenn du etwas tust, sorgt es folglich dazu, dass du als Reaktion darauf etwas anderes fühlst, denkst oder tust. In normalen Gesprächen wirst du normalerweise die führende Sprache (Leading) verwenden, um die Entscheidung von jemandem zu beeinflussen, doch wenn du Pacing-Aussagen hinzufügst, wirst du anfangen, bessere Ergebnisse zu erzielen.

Ein Beispiel für Pacing und Leading

Pacing und Leading können in der gesamten schriftlichen und mündlichen Kommunikation verwendet werden. Immer wenn du jemanden überzeugen willst, solltest du Pacing und Leading anwenden. In den meisten Fällen solltest du erfahrungsmäßig verifizierbare Situationen in deinen Pacing-Aussagen verwenden. Manchmal ist es jedoch unmöglich, mit Sicherheit zu wissen, was die Menschen erleben. In diesen Fällen hast du zwei Möglichkeiten: Du kannst fundierte Vermutungen anstellen, die deine Grundlagen abdecken, und/oder du kannst dafür sorgen, dass sich die Leute Szenarien vorstellen. Zum Beispiel:

„Jeder Geschäftsinhaber weiß, dass es manchmal schwierig ist, sein Geschäft auszubauen. Wenn sich die Dinge verlangsamen oder nie richtig beginnen, fühlt es sich verwirrend an. Wenn du erkennst, dass du Hilfe brauchst, aber nicht weißt, an wen du dich wenden sollst, fängst du an, dich um die Gehaltsabrechnung und all deine anderen Kosten zu kümmern. Das sind die Momente, in denen du alles geben würdest, um dein Geschäft in Schwung zu bringen. Wenn du nur mehr Kunden gewinnen könntest! Du stellst dir vor, dass dein Geschäft wächst und du in der Lage bist, dir selbst zu bezahlen, was du wert bist. In der Lage zu sein, Urlaub zu machen und alles ohne deine Anwesenheit reibungslos laufen zu lassen. Du könntest dich am Strand zurücklehnen und entspannen, weil du weißt, dass dein Team alles im Griff hat. Das wäre schön... Das ist Seelenfrieden... und es ist nur einer der Vorteile, die du gewinnst, wenn du verstehst, wie du dein Geschäft vermarkten und ausbauen kannst.

Mit meinem Marketing-Coaching und Training wirst du verstehen, wie dein Geschäft wächst; du wirst wissen, wie du Massen von treuen Kunden zu deinem Geschäft und deine Website mit Marketing bringen kannst; du wirst wissen, was du ihnen sagen sollst, wenn sie dort ankommen; du wirst wissen, wie du die Gelegenheit nutzen kannst; und du wirst wissen, wie du den Verkauf abwickelst. Infolgedessen hast du die Verkäufe und das Geld, das du benötigst, um deine Rechnungen zu zahlen und dein Geschäft zu erweitern. Die einzige Frage ist die Suche nach einem Ort, an dem du Urlaub machen kannst.

Wenn du dein Geschäft zu der mächtigen Gewinnmaschine ausbauen willst, die du dir immer vorgestellt hast, dann musst du mich heute unbedingt anrufen und mehr über mein Marketing-Coaching und -Training erfahren."

Dieser Pitch geht von einigen Annahmen aus – das muss er! Er kann unmöglich mit jeder Person auf der Welt sprechen. Du würdest ihn nicht lesen. Er spricht eine bestimmte Gruppe an: Geschäftsinhaber, die kaum Geld mit ihrem Geschäft verdienen und auch Kinder haben. Der Pitch treibt die typische Erfahrung der Zielgruppe voran und erweitert sie. Er folgt dem Problem, ist variabel, löst das Modell des Copywriting; und er wendet Pacing und Leading an. Von einer wahrscheinlichen Erfahrung zum Versprechen einer wünschenswerten sicheren Zukunft, falls du das Angebot nutzt.

Weitere Beispiele:

„Du hast Recht. Wir sollten auf das Land ziehen. Wie weit außerhalb der Stadt ist es praktisch? Ich denke, wir sollten uns innerhalb von 15 Minuten Fahrtzeit befinden".

„Genau wie du bin ich überrascht. Schauen wir es uns zusammen an. Es scheint, dass wir hier noch nie zuvor Zeit verbracht haben. Es ist eine gute Idee, wenn wir es regelmäßiger machen. Was machst du am Dienstag?"

„Danke, dass du mich heute Abend hierher eingeladen hast und ich bin sicher, dass du viele Fragen hast. Ich war in der gleichen Situation, also glaub mir, ich bin bei dir. Also setzen wir uns hin und schauen uns die Situation an".

Simple Pacing und Leading Techniken

Zeige Fakten auf und übernehme dann

Dies beinhaltet, dass du etwas Wahres über die Person sagst, mit der du sprichst – oder die Situation, mit der du es zu tun hast – und dass du diese Person dazu bringst, dir zuzustimmen, bevor sie sich einschaltet und die Kontrolle übernimmt. Wenn du zum Beispiel jemanden davon überzeugen willst, für wohltätige Zwecke zu spenden, erzähle dieser Person etwas Sachliches wie: „Du bist hier in diesem Restaurant, hörst mir zu, wie ich über wohltätige Zwecke spreche..." und setze dann neue Gedanken in ihren Kopf, indem du hinzufügst: „Und vielleicht fragst du dich, warum du für diesen Zweck spenden solltest...". Füge nach diesem Satz ein, was du willst – ich bin mir sicher, dass du es von hier aus übernehmen kannst.

Spiegle dein Gegenüber, um Rapport aufzubauen

Das ist sehr einfach und unkompliziert. Alles, was du tun musst, ist eine Person subtil zu spiegeln, sei es durch Gesten oder Sprachmuster. Sobald du eine Art Beziehung zu der Person aufgebaut hast, ist das die Zeit, in der du die Kontrolle über die Situation übernehmen und sie nach deinem Ermessen wenden kannst. Du wirst sehen, wie schnell diese andere Person deinem Beispiel folgen wird. Wenn zum Beispiel die Person, mit der du sprichst, die Gespräche häufig beginnt, indem sie beide Hände auf den Tisch legt, solltest du diese Geste vielleicht auch kopieren (aber sehr subtil). Wenn diese Person in sanften Tönen spricht, solltest du deine Stimme ebenfalls mildern!

Autopilot: Die drei beliebtesten Optionen des Verstandes

Es gibt eine bemerkenswerte Sache, die ständig im Verstand geschieht: er tut bestimmte Dinge automatisch und ohne dein Bewusstsein. Er verallgemeinert, löscht und verzerrt Informationen. Lass uns ein paar Beispiele anschauen.

Verallgemeinerungen

Die Verallgemeinerung ist das Erkennen von Erfahrungen, die anderen Erfahrungen ähnlich sind. Es ist ein natürlicher Prozess. Wir nehmen Menschen, Dinge und Ereignisse wahr, indem wir Aspekte der Erfahrung wahrnehmen, die wie frühere Erfahrungen aussehen. Es gibt viele Arten von Türen, oder? Drehtüren, automatische Türen, Schiebetüren, Schutztüren etc. Doch es sind alles Türen.

Ein gehobenes Restaurant kann ein angenehmeres Ambiente, ein spezielles Menü, einen aufmerksameren Service und höhere Preise als ein Restaurant im Familienstil haben, aber sie haben beide Essen, Tische und Kellner – dementsprechend sind beides Restaurants. Und natürlich erinnern uns bestimmte Menschen an andere Menschen. Erfahrungen erinnern uns an andere Erfahrungen. Auf diese Weise verallgemeinert sich unser Gehirn. Wir erleben ein paar Mal bewusst eine neue Sache oder Fähigkeit und übertragen sie danach. Dies geschieht ständig.

Obwohl Verallgemeinerungen nützlich und effizient sind, können sie uns gleichzeitig in Schwierigkeiten bringen. Zum Beispiel kann jemand, der dich an einen Freund erinnert, eine ganz andere Art von Person sein. Eine Paprika in deinem Essen kann wie eine milde Paprika aussehen, die du zuvor gegessen hast und dennoch eine feurig scharfe Schote sein. Etwa das vertraut aussieht, eine Verallgemeinerung, kann zu falschen Schlussfolgerungen oder unwirksamen Handlungen führen.

Verallgemeinerungen können auch dazu beitragen Überzeugungen zu begrenzen. Zum Beispiel sind alle Menschen mit grünen Augen attraktiv oder große Menschen mit großen Stiefeln sind bedrohlich. Solche Verallgemeinerungen verschmelzen und werden zu Überzeugungen. Diese Überzeugungen beginnen daraufhin, dein Leben zu bestimmen. Tatsächlich sind Überzeugungen so stark, sodass, wenn du einen Glauben hast, er beginnt, das zu verändern, was du wahrnimmst. Nun müssen all diese äußeren Reize, die einfließen, durch diesen Glaubensfilter gelangen. Dein Verstand bekommt somit nicht wirklich die Rohinformationen und kann nicht mehr frei wählen.

Anstatt die eigentlichen Klangwellen zu erhalten, die hereinströmen, bekommt dein Gehirn nur das, was es hört. Das Hören, genauso wie das Sehen, findet im Gehirn statt und nicht in Augen oder Ohren. Die Augen und Ohren kanalisieren sich nur in Vibrationen (im Grunde genommen in elektromagnetischen Wellen.) Es sind nur Rohdaten, die hereinkommen. Dein Verstand filtert diese Rohdaten und sagt: „Ist es gefährlich? Ist es sicher? Ist es interessant? Ist es von Bedeutung?"

Dein Verstand filtert deine Erfahrung, damit du überleben kannst; das ist also eine gute Sache. Es ist nur so, dass du vielleicht ein wenig mehr Flexibilität in dieser Hinsicht haben möchtest. Das ist eine Sache, die du bekommen wirst, wenn du die verschiedenen Aktivitäten in diesem Buch erkundest – je mehr Möglichkeiten du hast, desto besser ist es für dich. Um verschiedene Entscheidungen zu treffen, musst du natürlich dein Gehirn benutzen, was bedeutet, nicht von einem Autopiloten abhängig zu sein. Das wird zu einem Problem, wenn Überzeugungen, die sich gebildet haben, als du ein Kind warst, immer noch deine Entscheidungen beeinflussen. Diese alten Überzeugungen haben sich weitgehend für deine Arbeit, deine Politik, deinen Gefährten und dein Mittagessen entschieden.

Wenn du deine Überzeugungen erkundest und anfängst, sie mit Hilfe der Ansätze in diesem Buch zu modifizieren, wirst du in der Lage sein, in Zukunft mehr Möglichkeiten zu haben – und das ist eine sehr gute Sache.

Löschen

Was ist Löschen? Das Löschen lässt Aspekte einer Erfahrung wegfallen. Es ist völlig natürlich. Wenn wir jemanden oder etwas wahrnehmen oder uns daran erinnern, lassen wir oft den Hintergrund und andere Menschen aus. Wenn wir uns intensiv auf etwas konzentrieren und alles andere verschwindet, ist das ebenfalls Löschen. Wenn wir uns an etwas nicht mehr erinnern können, ist das eine andere Form des Löschens. Bei effektiver Anwendung hilft das Löschen dir dabei, Rauschen, Ablenkungen und Kleinigkeiten des Lebens zu entfernen, damit du dich auf die wesentlichen Dinge konzentrieren kannst.

Hier ist eine „Lösch"-Erfahrung, die du vielleicht gerade erlebst. Du bist wahrscheinlich damit beschäftigt, diese Worte zu lesen, darüber nachzudenken, was sie bedeuten, mit den Ideen zu interagieren oder

Notizen zu machen. Was du möglicherweise ignorierst, ist das Gefühl, dass dein Körper dort sitzt, wo er sitzt – auf einem harten Stuhl, einer bequemen Couch oder einem eingeengten Bussitz.

Möglicherweise achtest du nicht auf deinen Körper, deine Umgebung oder die aktuelle Uhrzeit. Du achtest ebenso wenig darauf, wie sich deine Füße im Moment fühlen. Du hast es womöglich erst bemerkt, als ich es erwähnt habe.

Ein weiteres Beispiel: Du suchst jemanden in einer Menge, konzentrierst dich auf bestimmte Dinge und löschst den Hintergrund. Du könntest eine Gruppe von Leuten „scannen" und nur nach einer bestimmten Sache suchen – die Farbe eines Pullovers, die Form eines Hutes oder langes blondes Haar – alles andere im Bild ist nur Hintergrund; du hast die anderen Elemente gelöscht.

Verzerrung

Verzerrung ändert eine Erfahrung von dem, was sie tatsächlich ist, zu einer modifizierten Form. Verzerrungen sind ebenfalls natürlich. Wir nehmen Menschen, Dinge und Ereignisse wahr und erinnern uns daran, basierend auf Aspekten der Erfahrung: der typische Hund, der ideale Freund, der schlechteste Urlaub und so weiter. Das ist eine Verzerrung. Es ist ein Teil der Erfahrung – jedoch wurden viele Details ausgelassen und mit Vorstellungskraft gefüllt.

Wenn wir eine bestimmte Eigenschaft eines Menschen wahrnehmen, ob gut oder schlecht und es auf alle Aspekte dieser Person anwenden, ist das ebenfalls eine Verzerrung. Wenn wir jemanden als einen langsamen Redner wahrnehmen, könnten wir die Dinge verzerren, sodass wir uns vorstellen, dass er ebenfalls ein langsamer Denker ist.

Ebenso können wir zu dem Schluss kommen, dass jemand, der sich gut kleidet, ein guter Denker ist. Wenn du dich an einen Moment eines Ereignisses erinnert, welcher plötzlich repräsentativ für das gesamte Ereignis ist, ist das Verzerrung. Wenn du die Geschichte dieser Erfahrung erzählst, Dinge auslässt und andere verschönerst, dann ist das Verzerrung. Es geschieht ziemlich häufig.

Diese drei Konzepte funktionieren nicht wirklich unabhängig voneinander, sondern interagieren. Zum Beispiel erfordert die Verallgemeinerung eine Löschung und ist gleichzeitig eine Form der Verzerrung. Es spielt keine Rolle, ob du dich an diese Begriffe erinnerst. Es ist lediglich wichtig, dass du erkennst, dass es Milliarden von Informationen gibt, die jede Sekunde in dein Gehirn strömen – um all dies zu verwalten, verallgemeinert, löscht und verzerrt dein großartiges Gehirn automatisch Informationen.

Spiegeln von Menschen (Mirroring)

Verbessere deine Fähigkeiten Rapport aufzubauen und dich mit anderen Menschen zu verknüpfen, indem du dein Gegenüber spiegelst. Diese Herangehensweise sorgt dafür, dass eine Person sich dir verbunden fühlt und nicht anders kann, als dich zu mögen.

Schritt 1: Such dir eine Person aus

Such dir eine Person für deine Konversation aus. Erzähl ihr nicht, dass du sie spiegeln wirst.

Schritt 2: Führe eine Konversation, während du dein Gegenüber spiegelst

Frage während der Konversation nach der Meinung deines Gegenübers in Bezug auf verschiedene Themen. Spiegle die Körperhaltung, die Stimmlage, Sprechgeschwindigkeit und andere Faktoren, wie Gestik und Mimik. Sei dabei jedoch subtil. Wenn du die Konversation am Laufen halten möchtest, kannst du aktiv zuhören und deinem Gegenüber mit zustimmenden Gesten signalisieren, dass du in der Tat zuhörst – hierfür kannst du nicken und nach jedem wichtigen Punkt Dinge sagen wie „Ich verstehe" und „Mh, mhm".

Es geht dabei einfach nur darum deinem Gesprächspartner zu zeigen, dass du an der Konversation teilnimmst und präsent bist. Während du die Person spiegelst, solltest du am besten Elemente wie ihre Atmung hinzufügen. Du wirst merken, wie schnell sich der Rapport aufbaut und verfestigt.

Schritt 3: Übe deinen Rapport – teste deine Intuition

Teste deine Fähigkeit, andere Menschen durch Rapport zu verstehen. Überprüfe deine Intuitionen in Bezug auf die Dinge, die sie sagen.

- Kannst du ihre Meinungen einschätzen, bevor sie diese äußern?

Wenn du deinem Gegenüber zustimmst, versuche die Meinung selbst auszudrücken und finde dann heraus, wie es den Rapport beeinflusst. Wenn du die Meinung auf eine Art und Weise ausdrückst, die eher ungewiss ist, wird sich die Person freuen, da sie die Gelegenheit nutzen und dir bestätigen kann, dass deine Meinung korrekt ist. Außerdem kann sie dir zeigen, dass sie sich mit der Thematik auskennt – eine Win-Win-Situation. Das wird dir dabei helfen, einen positiven Eindruck im Unterbewusstsein der Person zu hinterlassen.

Schritt 4: Nutze deinen Einfluss, indem du deine Körpersprache und Einstellung veränderst

Teste deine Fähigkeit, andere durch Rapport zu beeinflussen. Versuche deine Einstellung und Physiologie (zum Beispiel Atemgeschwindigkeit, Gesichtsausdruck und Körpersprache) in eine Richtung zu lenken, die du für wünschenswert oder möglich hältst. Zum Beispiel, indem man von einem verärgerten oder wütenden Zustand allmählich in einen konstruktiveren oder mächtigeren Zustand übergeht. Wenn du dies mit etwas Sorgfalt tust, wird sich die andere Partei wahrscheinlich mit dir bewegen. Dies hat einen enormen Wert in Bereichen wie Vertrieb, Führung und Coaching.

Erkunde diese Fähigkeiten des „Pacing und Leading“ in deinen Beziehungen. Denke an Situationen, in denen du diese Fähigkeiten nutzen könntest, um dein persönliches Leben oder deine Karriereleistung zu verbessern. Beachte die Ergebnisse, die du erreichst und verbessere diese Fähigkeiten während du weitermachst.

Verhaltensspiegelung

Bei der Verhaltensspiegelung passt du zu Verhaltensweisen, die eine symbolische Bedeutung haben. Sie sind meist unterbewusst. Je unbewusster sie sind, desto besser können sie gespiegelt werden. Schließlich denkt keine Person, dass du sie imitierst, wenn du etwas imitierst, von dem sie nicht weiß, dass sie es tut, oder? Aber was ist mit der Tatsache, entweder maskulin oder feminin im Umgang mit dem anderen Geschlecht zu sein? Ich meine, solltest du nicht anders sein? Erwartet das andere Geschlecht das nicht? Also, ja und nein. Denke daran, dass du deine tatsächliche Persönlichkeit nicht ganz aufgibst. Du passt nur bestimmte Dinge an.

Wusstest du, dass, wenn Männer mit Frauen sprechen, viele dazu neigen, eine etwas höhere Stimme zu benutzen? Anscheinend machen viele Menschen bereits eine gewisse Spiegelung, ob sie es nun wissen oder nicht. Es ergibt Sinn, dass wir uns mit einigen unterbewussten und rapportbildenden Instinkten weiterentwickeln würden. Schließlich haben diese Fähigkeiten zu unserer Überlebens- und Fortpflanzungsfähigkeit beigetragen.

Wir wissen, dass die Neuronen des Gehirns, die für Empathie und die Verbindung mit anderen Gefühlen verantwortlich sind, Spiegelneuronen genannt werden.

Autistische Menschen haben Schwierigkeiten beim Aufbau von

Beziehungen, weil sie weniger Spiegelneuronen besitzen. Autistische Menschen, die hochgradig funktionstüchtig genug sind, um sich um den Aufbau von Beziehungen zu sorgen, müssen besonders hart daran arbeiten, diese Fähigkeiten zu erlernen, weil sie mit dieser Art von sensorischer Schärfe auf instinktiver Ebene nicht so gut umgehen können. Es muss als ein viel bewussterer Prozess beginnen.

Wann du dein Gegenüber nicht spiegeln solltest

Es gibt Dinge, die du nicht spiegeln solltest. Wenn jemand zum Beispiel aggressiv wird und versucht, der Alpha-Hund zu sein, musst du kreativer sein als nur aggressiv zu handeln. Wenn du jedoch eine aggressive Einstellung gegenüber etwas zeigst, worüber die andere Person urteilt, kann dies eine sehr starke Bindung bilden. Wenn du dich mit deiner aggressiven Seite wohl fühlst, kannst du eine Haltung einnehmen, die zeigt, dass du im Grunde genommen eine aggressive Person bist, aber keine Aggression gegenüber der Person zeigt.

Übernimm eine Qualität, die mehr darauf hinausläuft, dass du im selben Team bist. Das ist ein wenig wie der Umgang mit Menschen, die sehr dringend Aufmerksamkeit benötigen und keine sehr gute emotionale Kontrolle haben, wie zum Beispiel Menschen mit Borderline-Persönlichkeitsstörungen. Menschen mit sehr intensiven Bedürfnissen zu spiegeln, ist vielmehr eine Kunstform und kein guter Ausgangspunkt, um mit dem Üben zu beginnen. Wenn du aber musst, kannst du eine leichte Spiegelung der Körpersprache durchführen, ohne den Eindruck zu erwecken, als wären deine Bedürfnisse größer als ihre. Auf der symbolischen Ebene kannst du auch die Arten von Groll und anderen Dingen teilen, auf die sich die Person eher konzentriert. Nachdem du allgemeine Fähigkeiten zum Aufbau von Rapport hast, wirst du bereit sein, sie mit Menschen zu nutzen, die

Bedürfnisse haben, die intensiver als der Durchschnitt sind. Dies ist insbesondere der Bereich der Psychotherapeuten, Ärzte und anderer Fachleute, die mit Menschen in Not umgehen. So wirst du zum Beispiel lernen, dass du, wenn du einmal Rapport aufgebaut hast, dies nutzen kannst, um Menschen zu führen oder ihren Zustand auf positive Weise zu verändern.

Das Muster oder das Spiegeln und Verändern des Verhaltens anderer wird als Pacing und Leading bezeichnet (welches wir bereits behandelt haben). Bei Menschen, die leiden, wird das Leiden nicht gespiegelt, sondern nur die allgemeinen physischen und symbolischen Elemente, die sie bei sich wohl fühlen lassen, sodass sie sich wohl fühlen können, wenn sie sich ausdrücken. Wenn du etwas von dem Zustand fühlst, in dem sie sich befinden, reicht das für dich aus, um mehr Mitgefühl zu empfinden und damit sie wissen, dass du es tust. Du wirst vielleicht feststellen, dass Spiegelung technisch genug ist, um zu verhindern, dass du von den Gefühlen der anderen Person überwältigt oder abgelenkt wirst, wenn sie in Not ist. Wenn dies jedoch nicht der Fall ist; wenn du immer noch zu viel von ihren Gefühlen spürst, dann spiegelst du sie wahrscheinlich schon so sehr, dass du ihren Zustand in dir selbst zu stark induzierst. In diesem Fall wirst du tatsächlich lernen müssen, wie du deine Spiegelung in mindestens einigen Aspekten abschwächen kannst, insbesondere in den physischen Aspekten. Besser noch: Du kannst NLP nutzen, um deine Strategie zu finden und zu ändern, sodass du dich nicht mehr überfordert fühlst. Du kannst damit beginnen, was für interne Darstellungen du über das Leiden anderer hast. Krankenschwestern, Therapeuten und Sozialarbeiter sind oftmals Menschen, die viele unbewusste Spiegelungen durchführen, ohne darin zu trainieren.

Magische Sprache

Die Menschen äußern manchmal Bedenken bezüglich des Teils „Programmierung“ des neurolinguistischen Programmierens, der mit Manipulation und Gehirnwäsche verbunden sein kann. Da NLP ein mächtiges Instrument ist, ist es richtig, dass sie besorgt sind. Mein Ansatz ist es, das Unbewusste bewusst zu machen, auf der Grundlage, dass wir durch das bewusste Bewusstsein die Wahl haben. Ich denke auch, dass dies im Einklang mit den persönlichen Zielen steht, die darin bestehen, den Einzelnen durch Bewusstsein und Wahlmöglichkeiten zu stärken und weiterzuentwickeln.

Es ist daher interessant, dass wir die meiste Zeit andere Menschen und uns selbst programmieren. Wir manipulieren unsere eigenen und die Antworten anderer, unterziehen uns einer Gehirnwäsche und werden fast in jedem Moment des Alltags selbst einer unterzogen. Das Problem ist, dass wir es ohne das nötige Bewusstsein und ohne Training tendenziell ungeschickt und oft auf eine Weise tun, die im Widerspruch zu dem steht, was wir wirklich erreichen wollen.

In einer Gruppe, der ich angehörte, diskutierten wir eine wichtige Sitzung, an der wir teilnehmen sollten. Der Gruppenleiter sah uns direkt an und sagte: " Seid nicht ängstlich..."

Dein Unterbewusstsein ist gehorsam gegenüber Befehlen – du suchst die Befehle in einem Satz aus und ignorierst den Rest. Eingebettet in den Satz des Gruppenleiters war ein sehr klarer Befehl: "Sei ängstlich." Ich war nicht beunruhigt, bis der Gruppenleiter genau das sagte. Wenn ich dir sage: "Was du auch tust, hör jetzt nicht auf", habe ich dir die Anweisung gegeben jetzt aufzuhören.

Wir müssen lernen, wie wir diese hypnotischen Sprachmuster bereits nutzen. Auf diese Weise können wir lernen, wie wir uns selbst und andere besser respektieren können, wenn wir eine Sprache wählen, die das unterstützt, was wir wollen.

Die hypnotische Sprache wurde ursprünglich von Psychotherapeuten aus folgenden Gründen verwendet:

- Sie stimulierte veränderte Bewusstseinszustände – Trance.

- Sie erlaubte es Therapeuten, den bewussten Widerstand zu umgehen.

- Sie gab dem Hörer Raum, die Sprache auf seine Weise zu verstehen und so seine inneren Ressourcen zu nutzen.

- Es wurde vermieden, Dinge zu sagen, die nicht mit der spezifischen Bedeutung von Situationen für den Zuhörer übereinstimmen würden, und war daher gut für den Aufbau von Rapport.

Mehrdeutigkeit ist ein wichtiger Aspekt der hypnotischen Sprache. Es verursacht Orientierungslosigkeit und schafft Raum für den Zuhörer, seine eigene Bedeutung zu schaffen – eine, die viel länger dauern würde, bis man sie auf einer bewussten Ebene entdecken würde. Die Wichtigkeit, den Zuhörer zu ermutigen seine eigene Bedeutung zu finden, besteht darin, dass er wahrscheinlich ein höheres Maß an Engagement für jede Bedeutung hat, die er für sich selbst findet, als für jede andere, die du ihm anbieten könntest.

Eingebettete Befehle und Fragen

Worte formen unsere innere Welt und gestalten anschließend unsere äußere Welt. Was wir zu uns selbst sagen (unser innerer Dialog), hat einen Einfluss auf das, was wir sehen, hören und fühlen. In ähnlicher Weise beeinflussen unsere gesprochenen Worte nicht nur uns selbst, sondern auch unsere Zuhörer. Es ist wichtig, dass wir Verantwortung für die Wirkung übernehmen, die wir mit unserer Sprache erzielen, wenn wir unseren Einfluss maximieren wollen. Mit anderen Worten: die Bedeutung unserer Kommunikation ist in der Tat ihre Wirkung.

Du kannst positive oder negative Befehle einbetten. Beispiele für positive Befehle können sein:

- Du kannst anfangen, dich zu *entspannen*.

- Ich habe mich gefragt, wie du anfangen könntest *einen Weg nach vorne* zu finden

- Ich weiß nicht, ob du *anfangen* wirst dich *motiviert zu fühlen*.

Und einige negative, die, wenn unser Unterbewusstsein sie entdeckt, wieder in die Befehlskomponente zurückgeführt werden:

- *Denke* nicht *tief darüber nach, was du möglicherweise lernst.*

- Auf keinen Fall *musst du dir darüber im Klaren sein, was du sagst.*

Vielleicht fängst du bereits an über einige der unangemessenen Beispiele nachzudenken, die du gehört hast. Hat dir zum Beispiel jemals jemand gesagt: „Keine *Sorge*, alles wird gut“, obwohl sie wahrscheinlich sagen wollten: „Du kannst dich *jetzt beruhigen*". Du kannst zudem Fragen einbetten, um sanft eine Antwort von deinen Zuhörern zu erhalten:

- Ich bin gespannt, *was du aus diesem Meeting mitnehmen möchtest*.

- Ich habe mich nur gefragt, *was du trinken möchtest*.

Die meisten Leute werden die Frage beantworten, ohne überhaupt zu merken, dass ihnen gar keine direkte Frage gestellt wurde. Was sie oft erleben, ist ein respektvoller und zulassender Gesprächsstil. Diese Art der Befragung ist völlig angemessen, wenn man es mit jemandem zu tun hat, der sich sehr sensibel fühlen könnte, zum Beispiel in einem Beurteilungs- oder Coaching-Meeting oder mit jemandem, der sich in einem kritischen Gespräch nervös fühlt, in welchem direkte Fragen zu nervtötend sein könnten.

Eine Möglichkeit, eingebettete Befehle oder Fragen als solche zu präsentieren, besteht darin, sie in der Art und Weise, wie du sie präsentierst, hervorzuheben. Du kannst beispielsweise vor und nach dem eingebetteten Befehl pausieren oder ihn mit einer erhöhten Augenbraue oder einer Handbewegung markieren. Wenn deine Markierung subtil ist, wird sie wahrgenommen, aber nicht bewusst erkannt. Die angemessene Verwendung von eingebetteten Befehlen und Fragen kann eine elegante Art der Informationssammlung und eine respektvolle Form des Einflusses sein.

Die Einbettung eines Zitats in einen Satz kann eine sehr wirkungsvolle Möglichkeit sein, eine Botschaft zu vermitteln, indem sie jeden bewussten Widerstand umgeht. Du könntest beispielsweise ein Gespräch mit einem deiner Freunde einem anderen Freund beschreiben, indem du ihm erklärst, dass es dem ersten Freund schwergefallen ist, eine gewisse Entscheidung zu treffen. Du könntest dann erklären, dass du ihr gesagt hast: „Du wirst dein wahres Potential nur erkennen, wenn du lernst, eine Entscheidung zu treffen." Du hast effektiv gesagt, was eigentlich in Anführungszeichen steht und hast es gleichzeitig vermieden, die Verantwortung für die Botschaft zu übernehmen. Das hat zur Folge, dass die Geschichte nicht bestritten werden kann und die Wahrscheinlichkeit ist, dass dein Anliegen so aufgenommen wird. Das kann extrem nützlich sein, wenn du es mit jemandem zu tun hast, der gerne streitet und häufig nicht mit dem übereinstimmt, was andere sagen.

Gedankenlesen

Du fragst dich vielleicht, was ich als Nächstes sagen werde. Wenn ich das sage, lese ich Gedanken. Gedankenlesen tritt auf, wenn du so tust oder sprichst, als ob du die innere Erfahrung der anderen Person kennst. Wie bei allen anderen Mustern kann dies hilfreich und bereichernd oder bevormundend und störend sein.

Einige Beispiele für das Lesen von Gedanken:

- Du fragst dich wahrscheinlich, was du dagegen tun kannst.
- Ich erwarte, dass du eine Antwort hast.
- Ich weiß, was du sagen wirst, wenn ich dir ABC erzähle.
- Dein nächster Schritt ist vorhersehbar.
- Du denkst vielleicht darüber nach, was dein Ergebnis sein könnte.

Sinne und Submodalitäten

Unsere Sinne geben uns Informationen über uns selbst und die Welt. Je besser wir zuhören, sehen, fühlen, (und schmecken und riechen), desto größer ist die Chance, dass wir verstehen, was los ist. Submodalitäten sind einige der Qualitäten unserer Sinne. Sie fügen mehr Informationen und Fülle hinzu. So sind beispielsweise einige Qualitäten des Sehens hell oder dunkel, fokussiert oder unscharf, farbig oder monochrom.

Wie Sinne und Submodalitäten unsere Erinnerungen verändern können

Unsere Erinnerungen basieren auf sensorischen Erfahrungen. Erinnerungen sind nicht fixiert, sie ändern sich, wenn wir neue Erfahrungen sammeln. Indem wir die Qualitäten der sensorischen Sprache unserer Erinnerungen erforschen und sie verändern, können wir die Erinnerungen selbst auf eine Weise verändern, die für uns nützlich ist. Das Gleiche kann man über die Vorstellungskraft sagen – sowohl wie wir uns die Dinge in unserem eigenen Kopf vorstellen, als auch wie wir mit der Sprache ein Bild malen, während wir unsere Ideen an andere weitergeben.

Sei dir der sensorischen Sprache bewusst

Es lohnt sich, sich der großen Vielfalt der Arten von sensorischen Sprachen bewusst zu sein, die wir verwenden. Ein Schlagzeuger, ein Künstler, ein Athlet und ein Geschäftsmann beschreiben Erinnerungen auf unterschiedliche Weise. Sie haben unterschiedliche sensorische Erfahrungen, was sich in ihrer Sprache widerspiegelt.

Einige Dinge können in digitalen ein-und-aus Begriffen beschrieben werden - zum Beispiel kann etwas entweder 2-dimensional oder 3-dimensional sein, aber nichts dazwischen.

Die meisten sensorischen Informationen fallen jedoch irgendwo auf ein Kontinuum; zum Beispiel können Helligkeit oder Farbe nur auf einem Spektrum existieren. Daher ist es viel schwieriger, es genau auszudrücken. Ein erster Schritt ist das Verständnis einiger der Qualitäten oder Submodalitäten unserer Sinne.

Submodalitäten

Visuell

Assoziation (assoziiert oder dissoziiert)
Größe (groß oder klein)
Bewegung (Standbild oder Bewegung, Diashow oder Film)
Farbe (Farbe oder schwarz-weiß)
Helligkeit (hell oder dunkel)
Entfernung (nah oder fern)
Fokus (fokussiert oder unfokussiert)
Klarheit (klar oder unscharf)
Position (oben, unten, links oder rechts)
Tiefe (2D oder 3D)
Rahmen (gerahmt oder panoramisch)
Anzahl der Bilder

Auditiv

Position (Mono, Stereo, Surround)
Tonalität (flach oder mitreißend)

Tempo (langsam oder schnell)
Neigung (hoch oder niedrig)
Geschwindigkeit (schnell oder langsam)
Intensität (intensiv oder weich)
Klarheit (klar oder unscharf)
Lautstärke (laut oder leise)
Rhythmus (regelmäßig oder unregelmäßig)

Kinästhetisch

Ort (Wo fühlst du es?)
Vibration (Ist es still oder pulsierend?)
Bewegung (Ist es still oder bewegt es sich? Wenn es sich bewegt, verfolge die Bewegung)
Druck (Gibt es Druck? Wenn ja, ist er leicht oder intensiv?)
Form (Welche Form hat es?)
Größe (Wie groß ist es?)
Temperatur (Hat es eine Temperatur? Ist es warm oder kalt, oder etwas anderes?)
Richtung (Hat es eine Richtung? Wenn ja, beschreibe sie.)
Stetig oder unregelmäßig (Ist es stetig oder unregelmäßig?)
Geschmack / Geruch (süß, sauer, aromatisch, duftend, salzig, scharf)

Grundlegendes über die Sinne und Submodalitäten

- Wenn wir auf ein Gedächtnis zugreifen und seine Submodalitäten genauer identifizieren, neigen wir dazu, die Details dieses Gedächtnisses zurückzubringen und die damit verbundenen Gefühle zu verstärken.

- Wenn wir die Submodalitäten des Gedächtnisses ändern, ändern wir auch das Gedächtnis und die damit verbundenen Gefühle.

- Indem wir unsere Bilder heller, bunter und näher gestalten, verstärken wir die Kraft der Erinnerung über uns. Indem wir sie weniger hell, weniger bunt machen und mental von uns distanzieren, schwächen wir ihre Kraft.

- Indem wir uns in das Bild einfügen, verbinden wir uns mit dem, was wir empfanden. Das Loslösen und das Betrachten von uns selbst im Gedächtnis lässt uns analytischer und distanzierter von dem werden, was wir empfanden.

- Wir können lernen, unsere Gefühle zu „drehen" – manchmal präsentieren sich Emotionen als körperliche Empfindungen, die sich irgendwo im Körper zu bewegen scheinen. Indem wir dieses Gefühl zuerst erkennen und dann die Bewegung durch Visualisierung verstärken, geben wir uns die Möglichkeit, von guten Gefühlen „gebadet" und „massiert" zu werden.

- Je mehr wir unsere eigenen Gefühle beeinflussen können, desto mehr können wir die Gefühle der Menschen um uns herum beeinflussen.

Die Sinne in der Kommunikation

Jeder Mensch hat eine Struktur, die er in der Kommunikation verwendet, die einen oder mehrere der fünf Sinne einbezieht. Wir sind uns der äußeren Sinne, die wir zeigen, zutiefst bewusst, aber die innere Kommunikation und die Sinne, die wir unbewusst nutzen, werden unsere Repräsentationssysteme oder -modalitäten genannt. Diese internen Darstellungen unserer Sinne bestimmen, wie wir sprechen und jede Handlung, die wir ausführen. Zu lernen, welcher Sinn dein Gegenüber kontrolliert, wird dich darüber aufklären, wie

diese Person denkt. Dies ist ein direkter Weg, um zu kontrollieren, was und wie du mit dieser Person kommunizierst und führt dich bei der Entwicklung einer Beziehung.
Sobald du die Konzepte des NLP erlernt hast und wie du deine Repräsentationssysteme optimieren kannst, wird eine ganz neue Welt vor dir erscheinen, mit größeren Möglichkeiten, dich zu dem Leben zu führen, das du dir wünschst. Du wirst deine Kommunikationsfähigkeiten, sowohl intern als auch extern, in deinem sozialen und beruflichen Leben verbessern. Dieser Abschnitt basiert darauf, wie wir als Individuen die Welt um uns herum wahrnehmen. Es wird uns in die Lage versetzen, die Art und Weise zu verbessern, wie wir mit anderen interagieren, indem wir ihre Repräsentationssysteme erkennen.

Die Realität der Welt, in der wir alle leben, ist von Mensch zu Mensch sehr unterschiedlich. Jeder von uns hat eine ganz andere Version seiner wahrgenommenen Realitäten. Dies liegt an der enormen Menge an Daten, denen unser Gehirn ständig ausgesetzt ist und an dem, worauf wir uns konzentrieren. Wir alle sehen die Welt anders, aufgrund des Filterprozesses, den unser Gehirn aufgebaut hat. Jede Sekunde filtert unser Gehirn Daten, die uns von unseren fünf Sinnen zur Verfügung gestellt werden, die dann in deine interne Sensorkarte verarbeitet werden, die ein Außenbild der Welt erzeugt.

Um zum Beispiel etwas als Stuhl wahrzunehmen, haben wir eine interne Darstellung dessen, was ein Stuhl ist. Es gibt auch subrepräsentative Systeme, die es weiter in Unterkategorien aufteilen (Sessel, Bürostühle, Klappstühle, etc.). Außerdem verfügst du über eine interne Darstellung aus einer kinästhetischen (Berührung) Unterkategorie. Du fühlst, wie es ist, auf einem Stuhl zu sitzen. Das Gleiche gilt für alle unsere anderen Sinne und diese

Darstellungen sind das Ergebnis dessen, was wir im Leben erlebt haben.

Wenn du dir die kognitiven Verzerrungen einer anderen Person ansiehst, wirst du sie wahrscheinlich leicht anfechten können. Wenn sich ein Freund von dir zum Beispiel so fühlt, als wäre er eine furchtbare Person, kannst du erkennen, warum das nicht der Fall ist. Wenn es jedoch um deine persönlichen kognitiven Verzerrungen geht, wirst du sie wahrscheinlich viel schwieriger überwinden können, weshalb sie überhaupt bestehen bleiben. Du wirst feststellen, dass du ohne Hilfe weiterhin an deine kognitiven Verzerrungen glauben wirst, egal wie sehr sie sich tatsächlich von der Art und Weise unterscheiden, wie die Welt wirklich ist.

Die fünf Sinne sind alle in unseren inneren Darstellungen vorhanden, wobei einer der dominanteste ist, meist entweder visuell, auditiv oder kinästhetisch (Sehen, Hören oder Berühren). Wir alle sind als Individuen unterschiedlich und einige Menschen haben vielleicht eine ausgewogenere Repräsentation als andere.

Repräsentationsmerkmale und VAK-Modalitäten

Obwohl es fünf sensorische Darstellungssysteme gibt, verwendet der Mensch drei überwiegend (visuell, auditiv, kinästhetisch) und zwei sekundär (olfaktorisch, gustatorisch). Wir werden vorerst nur die ersten drei und die Charakterzüge, die mit Individuen einhergehen, untersuchen. Eine der besten Möglichkeiten, wie du eine Beziehung zu einer Person aufbauen kannst, besteht darin, herauszufinden, welche Art von Lernprozess sie nutzt. Dies wird visuell, auditiv oder kinästhetisch sein. Und sobald du das herausgefunden hast, wirst du in der Lage sein, mit dieser Person umzugehen und mit ihr auf einer

Ebene zu kommunizieren, die sie effizienter als bisher verstehen werden.

Visuell

Eine Person, die in einem visuellen Modus arbeitet, ist eine Person, die stark von dem abhängt, was sie sehen kann und dessen repräsentative interne Karte auf der Bildverarbeitung basiert. Dieser Modus ist erfolgreich in der Rechtschreibung und im Einprägen von Informationen. Ihre Außensprache umfasst Begriffe wie „Das sieht toll aus" und „Ich sehe schwarz".

Mit diesen Wortphrasen ist es möglich, jemandem das Gefühl zu geben, dass du auf ihn achtest, was ihm das Gefühl geben wird, dass er dir mehr vertrauen kann. Je mehr dir eine Person vertraut, desto mehr wird sie mit dir reden. Du wirst dich mit einer Person einfacher unterhalten können, wenn sie dir vertraut.

Der visuelle Kommunikator hat eine Stimmlage, die höher ist als die des kinästhetischen Sprechers und seine Atmung neigt dazu, aus dem oberen Teil seiner Brust zu kommen. Der Kopf und die Augen sind nach oben gerichtet, um auf visuelle Bilder in seinem Gehirn zuzugreifen und die Sprache ist eher beschleunigt. Er spricht mit den Händen, um Punkte zu veranschaulichen und Gesten werden verwendet, um einen Punkt hervorzuheben. Die Erinnerungen sind bildbasiert, was ihm hilft, sich an Fakten und Zahlen zu erinnern.

Auditiv

Eine Person, die sich im Hörmodus befindet, ist etwas entspannter und verwendet Phrasen wie „Das klingt gut" und „Dein Vorschlag hört sich gut an“. Es ist hilfreich bei der Komposition von Gedichten und Musik. Sie spricht in tieferen Tönen und langsamer als das visuelle Sprachmustermodell. Sie neigt häufig den Kopf, wenn sie zuhört, um ihre Wahrnehmung zu veranschaulichen und sie kann mit Hilfe von Liedern auf Erinnerungen zugreifen und vergangene Ereignisse beschreiben. Es sind Menschen, die gerne am Telefon sprechen, während jemand im visuellen Modus in der persönlichen Kommunikation erfolgreicher sein kann.

Kinästhetisch

Eine Person, die sich im kinästhetischen Modus befindet, verwendet Ausdrücke wie „Das fühlt sich richtig an“ oder „Du packst das schon“. Intuitionen und Vorahnungen werden sparsam eingesetzt. Sie hat ein hohes Körperbewusstsein und ihre Atmung kommt aus dem Unterbauch. Sie ist eher der praktische Typ und erbringt die beste Leistung in Situationen, in denen sie physisch etwas erreichen kann. Berührungen werden oft in der Kommunikation verwendet und die Sprache wird verwendet, um Kernpunkte hervorzuheben; die obigen Beschreibungen sind lediglich Verallgemeinerungen. Im Allgemeinen kommunizieren Menschen mit einer ganzen Kombination der Sinne im Umgang mit anderen.

Das Wissen darüber legt nahe, dass wir in unseren Beziehungen zu Menschen mit unterschiedlichen Repräsentationswerten flexibel sein müssen. Repräsentative Systeme können besser genutzt werden, wenn sie dem System zugeordnet werden, mit dem sie am besten korrelieren. Es treten Probleme auf, wenn andere oder fremde Systeme verwendet werden. Es ist einfacher, Beziehungen zu anderen Individuen aufzubauen, wenn wir wissen, wie wir effektiv mit ihnen kommunizieren und erkennen, was sie antreibt.

Die Sinne, die in einer Person am dominantesten sind, ermöglichen es dir, ihr Interesse zu wecken, um das gewünschte Ergebnis zu beeinflussen. Rapport soll zu 7% verbal, 38% stimmlich und 55% körperlich sein und wird auf einer unterbewussten Ebene leichter etabliert. Diese Zahlen basieren auf einer Studie von Ray Birdwhistill aus dem Jahr 1970, der entdeckte, dass der Aufbau von Rapport im Wesentlichen mit dem Unterbewusstsein einer Person in Verbindung steht. Ein öffentlicher Sprecher baut Rapport mit seinem Publikum auf und ist entscheidend für eine effektive Kommunikation. Er ist ebenso wichtig für den Umgang mit einer Person auf individueller Ebene.

Um Rapport aufzubauen und mit den internen Repräsentationssystemen einer anderen Person zu kommunizieren, ist es eine gute Übung, eine Person zu finden, mit der du gerne redest. Beachte, in welchem Modus sie kommuniziert. Beispiel: Wenn dir jemand sagt, dass er deinen Standpunkt nicht versteht, dann wiederhole nicht einfach, was du gesagt hast. Sag stattdessen so etwas wie: „Lass mich dir zeigen, was ich meine“. Wenn sie sagt: „Ich fühle mich nicht wohl mit dem, was du mir sagst“, kannst du antworten: „Lass uns das anders anpacken“. Übe das in jedem Gespräch, das du führst und es wird bald zur Routine für dich.

Mach dir bewusst, wie andere denken und fühlen und entwickle Flexibilität bei der Kommunikation mit ihnen als Reaktion. Die Entwicklung eines effektiven Kommunikationsstils wird dir dabei helfen, Rapport mit jedem zu entwickeln, den du triffst. Wir alle haben eine individuelle Art und Weise, wie wir die Welt um uns herum wahrnehmen und wenn wir unser Repräsentationssystem verstehen, können wir uns bessere Ziele setzen, die überzeugender und klarer in unserem Kopf sind. Außerdem können wir unsere Kommunikation mit anderen effektiver optimieren. Wenn wir das Repräsentationssystem anderer verstehen, öffnen wir die Tür zur Kommunikation mit ihnen auf einer Ebene, die mit der Art und Weise, wie sie die Welt um sich herum verarbeiten, übereinstimmt und es uns ermöglicht, in einer viel besseren Position zu sein, sie zu beeinflussen und eine gewünschte Handlung zu provozieren.

Wenn eine Person Schwierigkeiten hat, auf ihr eigenes Repräsentationssystem zuzugreifen, hat sie auch Schwierigkeiten, Erinnerungen zurückzurufen und auf die Art und Weise zuzugreifen, wie sie externe Ereignisse betrachtet, die in ihrer Welt stattfinden. Der Grund dafür kann das Ergebnis einer Art Trauma, eines eskalierten oder chronischen Drogenmissbrauchs sein oder ganz einfach: sie haben nur ein unterentwickeltes Repräsentationssystem, sodass sie ein Programm wie NLP ganz gut gebrauchen können.

Fehler, die du vermeiden solltest

Berühren des Gesichts: Das Berühren des Gesichts kann als respektlos angesehen werden, da du der Person die Hand schütteln musst, wenn das Meeting beendet ist. Was noch schlimmer ist, es wird auch als ein Zeichen dafür angesehen, dass du lügst, egal worüber du gerade sprichst.

Keine Schulterausrichtung: Achte darauf, was die Schultern der anderen Person tun. Je weiter eure Schultern voneinander entfernt sind, desto mehr werden sie davon ausgehen, dass du desinteressiert bist, was auch immer es ist, das in diesem Moment vor sich geht.

An Kopf oder Hals kratzen: Jede Art von Bewegung um den

Hinterkopf oder den Hals wird als Hinweis darauf angesehen, dass du dir nicht sicher bist, wovon du sprichst. Das Kratzen eines Juckreizes zum falschen Zeitpunkt kann die andere Person schnell glauben lassen, dass du lügst.

Erregen von Misstrauen: Wenn du mit den Händen in den Taschen oder hinter dem Rücken verschränkt stehst, wird die andere Partei dir von Natur aus weniger vertrauen, da sie instinktiv das Gefühl hat, dass du etwas verbirgst. Das Gleiche gilt für Gesten innerhalb von ungewöhnlichen Momenten oder in anderen Situationen, in denen du deine Hände vor deinem Oberkörper verschränkst – diese Gesten sorgen ebenfalls für dieselbe misstrauische Reaktion.

Das bedeutet nicht, dass du einfach mit steifen, angewinkelten Armen stehen und sie nie bewegen solltest, da du dadurch auch misstrauisch wirkst. Deshalb wird empfohlen, dass du einfach versuchst, so lässig wie möglich zu handeln und hoffst, dass sich deine ruhige und selbstbewusste Natur in deinen Hand- und Armbewegungen widerspiegelt.

Ankern

Ankern bedeutet, wie wir in den richtigen Zustand für etwas gelangen, was wir tun wollen. Du verbindest ein Symbol mit dem gewünschten Zustand oder Ressourcenzustand. Es wird ein Ressourcenzustand genannt, weil du in diesem Zustand einfallsreicher bist. Natürlich muss der Zustand ein guter Ressourcenzustand für das sein, was du im Sinn hast. Wenn du intensives Selbstvertrauen und den Wunsch nach Möglichkeiten als Ressourcenzustand hast, wäre es sehr gut für ein Vorstellungsgespräch und möglicherweise nicht so gut, um ein Seelsorger der Trauer zu sein. Dafür solltest du in einem etwas anderen Zustand sein. Und du würdest von noch einem anderen Zustand profitieren, um eine rasante, russische Hochzeit zu genießen. Sobald du dein Symbol hast, feuerst du den Anker, um den zugehörigen Ressourcenzustand auszulösen. Das wird klar sein, sobald wir einige Beispiele aufgeführt haben. Vielleicht ist der am häufigsten verwendete Anker für den persönlichen Gebrauch eine Handposition, aber du kannst kreativ sein, wenn alle Aspekte des Ankerns berücksichtigt werden.

Du kannst schnell einen Zustand einleiten, wenn du diesen Zustand vorher verankert hast. Das Abfeuern eines Ankers, den du im Zusammenhang mit dem Zustand erstellt hast, aktiviert den Anker und damit den verankerten Zustand. Das Ankern ist eine der bekanntesten NLP-Techniken und wird in vielen Mustern verwendet.

Wie funktioniert das Ankern?

Das Ankern ist mit etwas verbunden, das als Behaviorismus bezeichnet wird. Der Behaviorismus sagt uns, wie wir Verhaltensänderungen vornehmen können. Dies ist die Sammlung von Methoden, mit denen man Tieren Tricks beibringen kann; Tiere wie Delfine in einem Wasserpark, die Rückwärtssaltos machen und Hunde in Filmen, die ihre Pfoten auf die Augen legen. Das Erstaunliche an der Verhaltensänderung ist, dass sie keinen Bewusstseinssinn erfordert, um zu funktionieren. Schließlich funktioniert es bei allen Arten von Tieren.

Das bedeutet, dass es sehr starke und primitive Aspekte deines Nervensystems nutzt, um zu funktionieren. Ja, es funktioniert auch beim Menschen sehr gut, denn wir haben die gleichen Hirnkomponenten wie Tiere (jedoch mehr). Deshalb trainieren wir sie und nicht umgekehrt. Wenn ein Anker jedes Mal abgefeuert wird, wenn du dich in einem bestimmten Zustand befindest, verbindet dein Körper diesen Zustand mit dem Anker. Zuerst ist der Anker ein neutraler Reiz. Es bringt nicht viel. Aber sobald dieser Anker dem Zustand zugeordnet ist, kannst du diesen Zustand auslösen, indem du den Anker feuerst. Wie du sehen wirst, besteht der Trick darin, den Anker mit dem richtigen Zustand zu verbinden.

In der Verhaltensänderung wird dies als assoziative Konditionierung bezeichnet. Konditionierung bedeutet, dass du eine Reaktion hervorrufst, die jedes Mal stattfindet, wenn es einen bestimmten Reiz gibt. Assoziatives Konditionieren bedeutet, dass die Reaktion mit einem anderen Stimulus in Verbindung gebracht wird, in diesem Fall mit einem Anker, den du zu deinem eigenen Vorteil nutzen kannst. Die Verhaltensänderung steht im Mittelpunkt von Problemen wie dem Prokrastinieren. Deshalb kombinieren wir Kommunikation mit dem Verständnis des Nervensystems. Auf diese Weise können wir Lösungen schaffen, die von selbst funktionieren.

Wenn du deinen bewussten Verstand benutzen müsstest, um jede Strategie zu verwirklichen, die du für die Spitzenleistung verwendest, würde dir die Gehirnkapazität ausgehen, bevor du wirklich weit kommst. Deshalb erleben die Menschen in der Regel keine erstaunlichen Veränderungen aus einem Selbsthilfe-Buch oder einer Fernsehsendung. Was die Menschen nicht erkennen, ist, dass Anker unser Verhalten ständig beeinflussen. An deinem Arbeitsplatz zu sein, wird zu einem Anker für das Verhalten am Arbeitsplatz. Die Innenstadt kann den Wunsch auslösen, ein beliebtes Café oder eine Eisdiele zu besuchen. Eltern helfen ihren Kindern, ins Bett zu gehen und einzuschlafen, indem sie ein „Abendritual“ durchführen, bei dem bestimmte Dinge wie Musik am Abend stattfinden.

Rituale sind übrigens Anker, die dabei helfen, Zustände auszulösen. Der Soldat, der zu Hause den Anhänger von seiner Freundin herauszieht und sich ihr Bild ansieht, zündet einen Anker. Es gibt ihm ein gewisses Gefühl von Geborgenheit und Wärme. Das nicht-technische Wort hier ist Trost. Es gibt Trost. Ein Objekt kann also ein Anker sein. Es gibt eine Handlung oder ein Ritual der Manipulation, es gibt den visuellen Eindruck, den kinästhetischen Aspekt des Gefühls und vielleicht den Klang.

Können Anker in Sinnesmodalitäten auftreten?

Ja, visuelle, auditive und kinästhetische Anker werden alle in NLP verwendet. Kinästhetische Anker mit einer physischen Position oder einem Berührungspunkt sind sehr häufig, da du nichts bei dir haben

musst, um sie benutzen zu können. Mentale visuelle Symbole oder mentale Bilder sind ebenso praktisch wie innere verbale Aussagen. Die Anker können extern oder intern sein. Äußere visuelle Anker können einen Ring oder ein Armband beinhalten. Sie können jedoch dadurch abgeschwächt werden, dass du sie oft anschauen kannst, ohne im gewünschten Zustand zu sein.
Wenn es also um visuelle Symbole geht, empfehle ich die Verwendung eines internen Ankers. Wenn du dich geerdet fühlen musst, kannst du dir einen Kreis vorstellen, der offenbar von einem japanischen Kalligraphen erstellt wurde. Die Natur des Symbols macht es einfach, es zu etablieren und sich daran zu erinnern und es ist nicht eines, an das du zufällig denken würdest; es hat einen besonderen Zweck. Eine Person wie eine große historische oder religiöse Persönlichkeit könnte diesem Zweck dienen. Du könntest sie in einen speziellen Rahmen oder etwas anderes legen, sodass das Bild nur für diesen Zweck spezialisiert ist.

Du kannst dir spezielle Objekte oder Orte ausdenken, die einen sentimentalen oder symbolischen Wert haben. Wenn du Klang als Anker verwendest, empfehle ich wiederum die interne Verwendung. Du kannst dir jeden Klang vorstellen, den du normalerweise nicht hören würdest. Wenn du digital vorgehen möchtest, kann eine spezielle Phrase den Zweck erfüllen. Bevor du etwas tust, das Ängste weckt, sagst du vielleicht „ein Kinderspiel“. Kinästhetische Anker können besonders kraftvoll sein. Wenn du in dich in eine Situation begibst, in der du dich unterstützt fühlen musst, kannst du dir eine Hand auf deiner Schulter vorstellen – eine Hand, die zu einer historischen oder religiösen Figur gehört, die für eine mitfühlende Führung von Bedeutung ist.

Du kannst deine Finger entgegengesetzt zur normalen Art und Weise verflechten, sodass es sich anders anfühlt. Du kannst ein Muster wie zum Beispiel einen Kreis mit den Fingern machen. Du kannst einen bestimmten Punkt berühren, der nicht allzu unangenehm anzusehen ist. Du kannst sogar Kombinationen erstellen, wie zum Beispiel die gleichzeitige Verwendung einer Phrase und einer Handposition.

Ist Eiscreme ein Anker?

Dies bringt den Unterschied zwischen einer direkten körperlichen Wirkung einer Substanz und der assoziativen Konditionierung eines Ankers zur Sprache. Vielleicht machst du beides mit Eiscreme. Bestimmte Lebensmittel, einschließlich Eiscreme, lösen ein Belohnungszentrum im Gehirn aus und schaffen andere physiologische Belohnungen direkt. Schokolade enthält ein sehr angenehmes Stimulans und der Anstieg von Blutzucker und Fett kann sehr befriedigend sein. Wenn ein Reiz, wie Eiscreme oder ein lautes Geräusch, eine angeborene Reaktion verursacht, nennen die Verhaltensforscher dies eine bedingungslose Reaktion.

Aber ein Anker ist eine konditionierte Antwort. Wenn jemand aufspringt, sobald er ein lautes Geräusch hört, ist das laute Geräusch kein Anker, es sei denn, es wird zu einem gemacht. Das automatische Springen beim Hören eines lauten Geräusches ist eine unkonditionierte (angeborene) Reaktion. Lass uns kurz darüber sprechen, wie man eine unkonditionierte Antwort in einen Anker verwandelt. Nehmen wir an, deine Mutter hat dir Eis gegeben, wenn du Halsschmerzen hattest, oder du hattest Eiscreme mit Geburtstagsfeiern und Freunden. Solche Assoziationen bedeuten, dass Eiscreme als Anker das Gefühl auslösen kann, genährt zu werden, geliebt zu werden oder zu feiern.

Der Hauptunterschied besteht darin, dass ein Anker funktioniert, weil er einem bestimmten Zustand zugeordnet ist, nicht weil er diesen Zustand chemisch verursacht oder weil er eine natürliche Reaktion auslöst, die charakteristisch ist, ohne einen Anker zu erzeugen, wie ein Tier, das einen lauten Lärm und sich erschreckt. Eine solche unkonditionierte Reaktion kann nützlich sein, um einen gewünschten

Zustand zu erreichen, ist aber kein Anker.

Es ist zu schade, dass nicht mehr Leute wissen, wie man Anker erzeugt. Anstatt Lebensmittel oder Drogen zu verwenden, um eine verbesserte Stimmung zu erzeugen, gibt es viele Alternativen und das Ankern ist eine davon. Je weniger Ressourcen die Menschen haben, um ihre Zustände zu verwalten, desto größer ist das Risiko einer Nahrungsabhängigkeit oder eines Drogenmissbrauchs. In der Psychologie gilt Selbstberuhigung als eine Fähigkeit, die vielen Menschen fehlt. Anker können denen helfen, denen es an selbstberuhigenden Fähigkeiten mangelt. Aber Eiscreme ist kein begehrter Anker; sie ist reich an Fett und Zucker und schwer zu transportieren. Berücksichtige die Unabhängigkeit bei der Auswahl der Anker.

Benutze Anker bewusst

Die Absicht ist ein wichtiger Aspekt beim Ankern. Die Absicht kann die Wirkung des Ankers verstärken. Wenn Ratten konditioniert werden, um ein Licht mit einem lauten und erschreckenden Geräusch zu verbinden, lernen sie zu erschrecken, wenn das Licht anhält. Aber nachdem sie sich an das laute Geräusch gewöhnt haben und nicht mehr aufschrecken, reagieren sie nicht mehr auf das Licht. Um eine solche Verschlechterung (in der Verhaltenspsychologie als Extinktion bezeichnet) deiner Anker zu verhindern, solltest du ihnen eine Bedeutung geben.

Benutze deine Absicht, um den Zustand zu verstärken. So bleibt der Anker frisch. Um dies zu erreichen, solltest du nicht nur den Anker setzen und ihn passiv alleine arbeiten lassen. Verwende stattdessen eine Fähigkeit der Zustandsverwaltung, um den Zustand zu verbessern. Du kannst dir auch den höheren Zweck vorstellen, den du

verfolgst, indem du den Anker auslöst. Dies verstärkt den Anker und verhindert das Erlöschen.
Anker können so weit vordringen, wie es dein Erfindergeist vermag. NLP-geschulte Menschen haben sich unzählige Muster ausgedacht, die Verankerungen verwenden. Viele von ihnen sind einfach Variationen, die Fachleute, Verkäufer, Motivationsredner, Minister, Vorgesetzte, Politiker und andere Menschen spontan entwickelt haben, um sie bei Bedarf zu nutzen.

Wie lange ist ein Anker effektiv?

Anker können für den Rest deines Lebens wirksam sein. Je besser sie geformt sind, desto länger halten sie. Je besser du sie pflegst, desto länger halten sie. Wenn du einen Anker nur dann benutzt, wenn du dich schlecht fühlst, kann er seine Kraft verlieren, damit du dich gut fühlst. Eine gute Möglichkeit, einen Anker zu pflegen, besteht darin, ihn zu verwenden, wenn man sich in dem Zustand befindet, in dem er ausgelöst werden soll. Wie das geht, erfährst du im nächsten Abschnitt, in dem ich dir beibringe, wie du Anker kannst.

Schritt 1: Wähle einen Zustand und entscheide, welchen Auslöser du verwenden möchtest

Wähle einen Zustand und entscheide, welchen Auslöser du verwenden möchtest. Wähle einen Zustand aus, auf den du in Zukunft Zugriff haben möchtest. Wähle den Ankerauslöser aus, den du verwenden möchtest. Wie du dich erinnerst, kann dies eine Handposition, ein Punkt auf deinem Körper, den du berührst, oder ein Wort oder eine Phrase sein, die du mental sagst oder eine andere einzigartige Aktion, die du diesem Zustand widmen kannst.

Das bedeutet, dass es spezifisch sein muss, wie zum Beispiel das

Ziehen am kleinen Finger.

Schritt 2: Rufe den Zustand hervor

Die besten Zustände, die man hervorrufen kann, sind einfach und sauber. Viele Zustände sind eigentlich Kombinationen und müssen getrennt werden. Zum Beispiel kann ich mein Paket von Amazon bekommen und mich gleichzeitig begeistert und schuldig fühlen, weil ich so viel ausgegeben habe. Es müssen auch keine weltbewegenden Erfahrungen sein. Zum Beispiel ist der Zustand der Ruhe, den ich 10 Minuten vor dem Wecker heute Morgen zu spüren bekam, einfach und sauber.

1. Greife während eines Uptime Zustands in dir selbst auf einen Verfügbarkeitszustand zu, wenn du einen Zustand in jemand anderem auslöst. Du brauchst bewusste und aufmerksame Sinne (NLP nennt diesen Zustand Uptime, was so viel bedeutet wie eine nach außen gerichtete Aufmerksamkeit). Hier liegt dein Fokus auf dem, was für die Person tatsächlich vor sich geht, anstatt in den Prozess hineinzugehen (wahrnehmen statt intuitiv zu sein) oder mit dir selbst zu sprechen (auditive digitale Verarbeitung).

2. Suche nach dem gewünschten Zustand durch Abfrage.

- Erinnerst du dich an eine Zeit, in der du diesen Zustand oder diese Ressource erlebt hast? Zum Beispiel, als ich meinen Abschluss machte, ging ich auf die Bühne und fühlte mich [unbesiegbar].

- Wie wäre es, wenn du diesen Zustand oder diese Ressource erleben würdest? Was wäre zum Beispiel, wenn ein Außerirdischer dir einen magischen [Selbstvertrauens]-Mantel geben würde?

- Kennst du jemanden, der [geduldig] ist? Wie wäre es, in diese Person einzusteigen und diesen Zustand oder diese Ressource für eine gewisse Zeit zu erleben?

- Wenn du die [kreativste] Person auf dem Planeten wärst, wie würde das aussehen?

3. Greife selbst auf den Zustand zu; du musst ihn unbedingt anpassen. Wenn der Zustand, in dem die andere Person sich befindet, zum Beispiel ruhig ist, musst du selbst ruhig sein. Hast du jemals jemanden gesehen, der seine oder ihre Stimme erhoben und schnell gesprochen hat, damit du dich beruhigst? Wir neigen dazu, andere Zustände zu erfassen und reagieren unbewusst auf die Zustände anderer. Das war bereits bei den Höhlenmenschen der Fall. Wenn jemand in einem Notruf „rennt" schreit, reagieren wir oder werden gefressen.

4. Lass die Person den Zustand neu erleben. Verwende eine gegenwärtige Sprache, die die Assoziation fördert. Zum Beispiel:

Was siehst du, wie groß, hell, bunt, nah usw. ist das Bild?

Was hörst du, wie klar, laut, nah, etc.

Welche Empfindungen empfindest du? Wo sind sie? In welche Richtung bewegen sie sich? Im Uhrzeigersinn, gegen den Uhrzeigersinn? Wie stark?

Wie atmest du? Wo befindet sich die Atmung, wie tief, langsam usw.?

Wie stehst du? Wie ist deine Körperhaltung, dein Gleichgewicht, deine Gewichtsverlagerung, dein Gewicht?

Was sagst du dir selbst? Welchen Sprachton, welche Lautstärke und welche Geschwindigkeit verwendest du?

5. Verbessere die Intensität des Zustands mit geeigneten Submodalitäten und unter Einbeziehung aller Repräsentationssysteme. Du könntest zum Beispiel deine inneren Bilder bunter und größer machen und das Sprechtempo erhöhen.

6. Als Beobachter bemerkst du Veränderungen, die die Intensität oder Reinheit des Zustands zeigen. Zum Beispiel ändern sich Atmung, Hautton und Körperhaltung. Wenn du Zustandserhebung für dich selbst durchführst, solltest du sicherstellen, dass der Zustand intensiv genug für den Zweck ist. Die NLP-Ankerung erfordert zum Beispiel, dass der Zustand stark ist und sich auf einem Höhepunkt befindet.

Schritt 3: Kalibriere

Wenn du das für jemand anderen tust, lass es dir von ihm sagen, wenn er sich im Zustand befindet und beobachte seine körperlichen Signale wie Körpersprache, damit du sie besser kalibrieren kannst.

Schritt 4: Ankere den Zustand

Sobald der Zustand voll aktiv und auf dem Höhepunkt ist, kannst du ihn ankern. Ankere ihn, indem du das Verhalten, das du in Schritt eins ausgewählt hast, als Auslöser verwendest. An dieser Stelle ordnest du den Trigger bzw. Auslöser dem Zustand zu, das heißt den Zustand mit dem Auslöser zu verankern. In Zukunft wird die Aktivierung dieses Triggers dir helfen, den Zustand zu aktivieren. Verwende diesen Auslöser von nun an niemals für etwas anderes als diesen Zustand und wenn du diesen Zustand in der Zukunft aktivierst, führe die

Vorgehensweise fort, den Auslöser mit dem Zustand zu verbinden, um diese Verbindung noch stärker zu machen.

Schritt 5: Teste

Denke an Situationen, in denen du diesen Zustand auslösen möchtest und erinnere dich in deinem Kalender an dich selbst, damit du dich daran erinnerst, ihn zu benutzen und seine Vorteile zu nutzen.

Zusätzlicher Ratschlag

Es ist wichtig, sich an die Grundprinzipien zu erinnern. Stelle sicher, dass dein Anker einzigartig ist, damit andere Zustände und Situationen ihn nicht abschwächen. Stelle sicher, dass der Zustand beim Erstellen eines Ankers so intensiv ist, wie es nur geht. Ein intensiver Zustand schafft den stärksten Anker. Je reiner der Zustand ist, ohne dass gleichzeitig andere Dinge passieren, desto besser. Je genauer du diesen Zustand fokussierst, desto besser. Du kannst die Häufigkeit nutzen, um die Auslösung zu verbessern. Dies geschieht durch die Verankerung in mehreren Sinnesmodalitäten. Du kannst sie gleichzeitig oder in enger Abfolge auslösen. Wenn deine anfänglichen Bemühungen nicht ausreichend funktionieren, musst du möglicherweise deine Beobachtungs- oder Problemfähigkeiten verbessern, während du den Grund suchst.

- Hat der Anker eine andere Bedeutung?
- Hast du den Anker angemessen mit dem Zustand in Verbindung gebracht?

Wiederholungen können helfen. Obwohl einige NLP-Materialien das Ganze wie Magie klingen lassen, ist es eine Verhaltensmethode, die unser Nervensystem verwendet, um eine dauerhafte Veränderung zu bewirken. Bei vielen Menschen kann dies Erfahrung und Kreativität erfordern. Da eine Möglichkeit, einen Anker zu erstellen, darin besteht, deinen Kunden zu berühren, um den Anker herzustellen, solltest du daran denken, dies zu erklären und zuerst die Erlaubnis deines Kunden einzuholen, damit er nicht überrascht wird. Und natürlich solltest du Orte verwenden, die nicht zu intim sind.

Downtime

Lerne, eine leichte, momentane Trance im Menschen für verschiedene Zwecke zu schaffen. Wenn sich dein bewusstes Bewusstsein ganz auf deine innere Erfahrung konzentriert, spricht NLP von einer Downtime. Der Downtime-Zustand ist eine Teilart des Trance-Phänomens und kann helfen, die Trance zu initiieren oder zu vertiefen. Es kann dir dabei helfen, eine Interaktion als kurze und leichte Trance zu steuern. Viele Techniken werden verwendet, um eine Downtime zu stimulieren und sie werden nicht nur verwendet, um Trance zu erzeugen, sondern auch Geduld, Selbstbeobachtung und Empfänglichkeit. **Uptime** hingegen bezieht sich auf einen eher weltlichen Bewusstseinszustand, der das externe Bewusstsein betont, das durch das interne Bewusstsein effektiv informiert wird.

Schritt 1: Schränke deine Umgebung ein

Schaffe eine störungsfreie Umgebung, da dieses Muster Konzentration erfordert.

Schritt 2: Verinnerliche den Fokus mit Repräsentationssystemen

Richte deine Aufmerksamkeit nach innen und kümmere dich um jedes deiner internen Repräsentationssysteme (die folgenden Teilschritte werden dir helfen). Achte auf jeden der Modi so vollständig und so separat wie möglich.

a. Achte auf deinen Hörsinn, einschließlich deiner inneren Stimme, den Klang aller Erinnerungen oder Fantasien, die entstehen. Erinnere

dich an etwas und konzentriere dich ganz auf die beteiligten Klänge.
b. Richte deinen mentalen Fokus auf den visuellen Modus. Schließe Erinnerungen und Fantasien ein, die entstehen. Wähle eine Erinnerung und konzentriere dein ganzes Bewusstsein auf den visuellen Aspekt.

c. Achte auf die emotionalen und körperlichen Sinne, wenn sie für eine Weile entstehen. Denke jetzt an eine Erinnerung und richte deine Aufmerksamkeit auf deine emotionalen und körperlichen Gefühle, wie sie im Gedächtnis auftreten. Beachte den Unterschied zwischen diesen Gefühlen im Vergleich zu dem, was du in Bezug auf die Erinnerung fühlst und dem, was dein Körper gerade jetzt fühlt, wenn du dich an die Erinnerung erinnerst. Wie hart ist zum Beispiel die Oberfläche, auf der du dich gerade befindest?

d. Werde dir des Geschmacks bewusst. Denke dir eine Erinnerung darüber aus, wie man etwas Leckeres isst. Beachte, dass du verschiedene Sinne hast, die in das Gedächtnis involviert sind. Konzentriere deinen Verstand ganz darauf, dich an den Geschmack zu erinnern. Achte darauf, dass Geschmack mehr als eine Empfindung ist, denn vieles von dem, was wir mit Lebensmitteln in Verbindung bringen, hat mit ihrer Konsistenz zu tun, wie zum Beispiel Kaubarkeit.

e. Verschiebe dein Bewusstsein für diese Erinnerung auf den Geruchssinn. Beachte, wie du Geschmack und Geruch trennen kannst.

Zusätzlicher Ratschlag

Du kannst das Erlebnis der Downtime verankern. Eine gute Möglichkeit, dies zu tun, besteht darin, die Hände zu falten und den Druck der Handflächen allmählich zu erhöhen, da du alle Repräsentationssysteme besser kennenlernst. Sobald du den Handflächendruck als Anker etabliert hast, versuche ihn für Muster zu verwenden, die ein internes Bewusstsein erfordern, oder mit der Schaffung einer grundlegenden Trance oder Bewusstseinsmeditation. Du kannst mit der internen sensorischen Wahrnehmung besser werden, indem du den obigen Tipp befolgst und dich auf die Repräsentationssysteme in einer Sequenz konzentrierst.

Stell dir zum Beispiel vor, du läufst durch eine imaginäre Verhaltenssequenz und durchläufst die oben genannten Repräsentationssysteme. Du könntest dies zuerst an einer einfachen Aufgabe ausprobieren, wie zum Beispiel beim Gehen. Beachte, welches Repräsentationssystem dein schwächstes ist und führe diese Übung zusätzlich mit dem Schwerpunkt auf diesem System durch. Um deine Fähigkeit zur Integration deiner Sinne zu verbessern, solltest du diese Übung durchführen und gleichzeitig den Umgang mit allen Systemen üben. Du könntest damit beginnen, dich sehr schnell durchzuarbeiten, oder sie so zu mischen, dass du Submodalitäten anpassen kannst.

Reframing

Die Summe aller Menschen auf der heutigen Welt lässt sich in zwei Gruppen unterteilen: diejenigen, die immer in der Lage sind, in allem Erfolg zu haben, was sie tun und diejenigen, die trotz aller Fähigkeiten und Talente, nie richtig in Gang kommen. Das liegt daran, dass die erste Gruppe eine Denkweise hat, die das persönliche Wachstum fördert, die andere aber nicht.

Die Wahrheit ist, dass es zwei sehr unterschiedliche Arten gibt, wie Menschen erzogen werden, wenn es darum geht, Fähigkeiten und Intelligenz zu verstehen. Diejenigen, denen immer die Motivation zum Erfolg zu fehlen scheint, glauben, dass Talent und Intelligenz angeboren sind und das angeborene Fähigkeiten alles sind, was man jemals erreichen wird, während die zweite, erfolgreichere Gruppe glaubt, dass es sich um einfache Fähigkeiten handelt und dass sie wie jede andere Fähigkeit durch harte Arbeit und Beharrlichkeit erworben werden können. Diese beiden sehr unterschiedlichen Standpunkte wiederum führen zu dramatisch unterschiedlichen Lebensperspektiven, die schließlich zu sehr unterschiedlichen Ergebnissen führen.

Während dies für einige ohnehin schwer zu glauben ist, wird der tägliche Aufbruch in die Welt unter dem Gesichtspunkt, dass Erfolg möglich ist, solange man sich die Zeit und Mühe nimmt, tatsächlich zu mehr Erfolg im Laufe der Zeit führen. Es ist bekannt als die Wachstumsdenkweise – eine Mentalität, von der du sicher sein kannst, dass sie alle erfolgreichen Menschen besitzen. Viele von ihnen pflegten diese Denkweise bereits in einem sehr frühen Alter. Irgendwann in der Kindheit wird jedem entweder gesagt, dass er

Erfolg hat, weil er von Natur aus gut in etwas war oder weil er hart gearbeitet und nie aufgegeben hat.

Diejenigen, denen gesagt wird, dass sie von Natur aus begabt sind, entwickeln oft eine sogenannte feste Denkweise, die dazu führt, dass ihr Gehirn am aktivsten ist, wenn sie Lob für ihre Begabung erhalten. Der zweiten Gruppe von Kindern kann nachgesagt werden, dass sie eine Wachstumsdenkweise haben, bei der ihr Verstand am aktivsten ist, wenn sie lernen, was sie beim nächsten Mal besser machen könnten. Diejenigen mit einer festen Denkweise neigen dazu, sich mehr darum zu kümmern, wie andere sie wahrnehmen, als das, was sie tatsächlich lernen, weshalb diejenigen mit einer Wachstumsdenkweise langfristig erfolgreicher sind.

Feste Denkweise

Möchte unabhängig von der Realität intelligent oder kompetent dastehen.
Schnelles Vermeiden von Herausforderungen
Leicht vereitelt durch Hindernisse
Denkt, dass Anstrengung „sinnlos“ ist
Ignoriert Feedback
Kann sich vom Erfolg anderer bedroht fühlen.

Wachstumsmentalität

Mehr Interesse an langfristigen Ergebnissen
Genießt die Herausforderung
Lernt aus Hindernissen
Gleichstellung von Leistung und Erfolg
Schätzt Kritik

Findet Inspiration im Erfolg anderer

Wenn du verstehen möchtest, wie die beiden Denkweisen in Aktion funktionieren, erinnere dich einfach an die Geschichte der Schildkröte und des Hasen. Dem Hasen wurde immer gesagt, wie schnell er war und deshalb entwickelte er eine feste Einstellung, die besagt, dass seine Geschwindigkeit angeboren ist und nicht mit seinen Handlungen zusammenhängt, was bedeutet, dass er während des Rennens ein Nickerchen machen kann. Die Schildkröte hingegen bewahrte eine Wachstumsmentalität, was bedeutete, dass sie wusste, dass sie Erfolg haben würde, wenn sie durchhält. Dieser Glaube an sich selbst wurde durch die Ergebnisse des Rennens bestätigt.

Auch im Umgang mit Rückschlägen zeigen sich die beiden Denkweisen unterschiedlich. Wenn diejenigen, die eine feste Denkweise haben, auf einen Rückschlag stoßen, wirkt sich das direkt auf ihr Selbstbild aus, weil es ihren Glauben an ihr angeborenes Talent erschüttert. Das macht es ihnen leichter, etwas aufzugeben, mit dem sie zu kämpfen haben, da sie sich leicht sagen können, dass es sich einfach nicht um ein Talent handelt, das sich in ihrer Kontrolle befindet. Wenn eine Person mit einer Wachstumsmentalität hingegen auf eine Herausforderung trifft, macht sie sich stattdessen Gedanken darüber, wie sie diese am besten überwinden kann und behandelt das Thema als Chance zum Lernen und Wachsen.

Angesichts der Folgen einer festen Denkweise – die potenziell katastrophal ist, besonders wenn du danach strebst, die innere Stärke zu finden, um dich selbst zu befähigen, dein Schicksal im Leben zu verbessern – ist es wichtig zu tun, was du tun kannst, um diese negativen mentalen Gewohnheiten so schnell wie möglich zu überwinden. Glücklicherweise kann sich das menschliche Gehirn im Laufe seines Lebens ständig umgestalten, was bedeutet, dass es nie zu spät ist, eine Wachstumsdenkweise einzuschlagen, egal wie tief verwurzelt die Prinzipien der festen Denkweise auch sein mögen.

Neue neuronale Pfade im Gehirn können gebildet werden, wenn sich neue Gedanken immer wieder wiederholen und wenn sie zu ausgetretenen Pfaden werden, entstehen neue Gewohnheiten. Diese Tatsache bedeutet, dass es viel schwieriger sein wird, die bereits tief verwurzelten Gewohnheiten zu ändern, wie zum Beispiel diejenigen, die es erfordern, sich mental davon abzuhalten, einen ermächtigten Zustand zu erreichen. Obwohl der Wechsel von einer festen zu einer Wachstumsmentalität schwierig sein wird, werden die unten aufgeführten Tipps den Prozess überschaubarer gestalten, als er es andernfalls sein könnte.

Engagiere dich für die Aufgabe, die vor dir liegt: Deine Denkweise ist eines der tief verwurzeltsten Muster, an das sich dein Gehirn im Laufe der Jahre gewöhnt hat, was bedeutet, dass du dich dem Prozess wirklich widmen musst, wenn du dich jemals selbst stärken und verbessern willst. Es ist wichtig, daran zu denken, dass es sich um einen Marathon und nicht um einen Sprint handelt und deine Erwartungen entsprechend zu setzen.

Beginne mit etwas Einfachem: Wenn es darum geht, neue neuronale Wege zu schaffen, ist es am besten, ein spürbares Ergebnis einer Aktion zu sehen, die du bewusst in dem Bestreben unternommen hast, deine Denkweise zu ändern. Obwohl ein oder zwei positive Entscheidungen pro Tag allein keine spürbaren Ergebnisse bringen, kann der kumulative Effekt erheblich sein und dieser Kipppunkt kann früher auftreten, als du vielleicht denkst.

Sobald du begonnen hast, deine fehlerhaften Gewohnheiten zu ändern, ist es wichtig, ein breites Verständnis dafür zu haben, wie lange die Veränderung dauern wird. Je einfacher es ist, sich zu engagieren, desto schwieriger wird es sein, sich zu ändern, weshalb eine allgemeine Vorstellung vom Zeitplan für solche Änderungen die Arbeit erheblich erleichtern kann. Während dieser Zeit wird es auch wichtig sein, eine mentale Liste von Orten oder Aktivitäten zu erstellen, die die schlechte Gewohnheit auslösen und sie nach Möglichkeit vermeiden. Wenn du dich in einer Situation befindest, in der du dich mit den Dingen auseinandersetzt, die deine schlechte Angewohnheit auslösen, ist das ein todsicherer Weg, um auszurutschen und in alte Gewohnheiten zurückzukehren.

Es kann schwierig sein die Motivation während des Prozesses des Aufbaus neuer Gewohnheiten zu erhalten, aber das Beobachten des Gewinns kann es einfacher machen. Sobald du einen Zeitplan festgelegt hast und weißt, wie lange es dauern sollte, neue erfolgreiche Gewohnheiten zu bilden, ist es wichtig, dem Zeitplan Meilensteine hinzuzufügen, die deinem Verstand helfen, die Mühe, die du aufbringst, mit dem ultimativen Erfolg gleichzusetzen, den du erreichen wirst. Bleibe optimistisch und weihe deine Familie und Freunde ein, damit du dich daran halten kannst. Selbst die schwierigsten Gewohnheiten können bereits nach zehn Wochen gebildet werden und ebenso wird das, was du versuchst, nach dieser Zeit genauso zur Gewohnheit geworden sein.

Automatische Gedanken

Der Grund, warum die Art der Denkweise, die du hast, so wichtig ist, hängt mit den Gedanken zusammen, die du jeden einzelnen Tag denkst, ohne dir wirklich die Zeit zu nehmen, sie zu durchdenken. Das soll nicht heißen, dass du etwas falsch machst. Tatsächlich nimmt jeder ständig weit mehr Informationen auf, als er realistisch verarbeiten kann, was bedeutet, dass eine große Mehrheit der Gedanken, die du als Reaktion auf alltägliche Ereignisse hast, automatisch auftreten werden, ohne dass irgendein bewusster

Verstand tatsächlich verwendet wird, um sie zu erzeugen. Diese sind als automatische Gedanken bekannt und deine Denkweise blitzt in deine automatischen Gedanken über und beeinflusst jeden Gedanken, den du hast, ohne ihn aktiv durchzudenken.

Dies liegt daran, dass ein automatisches Denken, sobald es auftritt, voranschreitet, ohne dir die Möglichkeit zu geben, seine allgemeine Legitimität zu beurteilen und bevor du dir überhaupt bewusst bist, was passiert. Dies veranlasst das Gehirn, es automatisch als Wahrheit zu akzeptieren und beginnt darauf zu reagieren, unabhängig davon, ob es tatsächlich sachlich ist oder nicht. Wenn ein Gedanke sowohl irrational als auch automatisch ist, kann er dazu führen, dass du negative Emotionen erlebst, obwohl du eigentlich keinen Grund hast, dich so zu fühlen.

Gedanken führen typischerweise zu Emotionen, entweder direkt oder indirekt. Sechs primäre Emotionen können in verschiedenen Intensitätsgraden und in verschiedenen Kombinationen auftreten, um das gesamte Spektrum der Emotionen zu erzeugen, mit denen du vertraut bist. Diese Emotionen sind Angst, Wut, Trauer, Überraschung, Liebe und Freude; wenn du diese Emotionen erlebst, durchläuft der Körper eine Vielzahl von spürbaren physiologischen Veränderungen. Wenn die Emotionen, die du fühlst, negativ sind, kann es vorkommen, dass du eine Flucht- oder Kampfreaktion erlebst, die wiederum zu einer erhöhten Herzfrequenz führen kann, zusammen mit einer allgemeinen Anspannung der Muskeln und einer Zunahme von Schweißausbrüchen.

Trotz der Tatsache, dass sie einen ernsthaften Einfluss auf deine Handlungen haben können, sowohl positive als auch negative, bleiben Emotionen normalerweise im Moment unbemerkt, in der gleichen Weise, wie automatische Gedanken häufig behandelt werden. Deshalb ist es wichtig zu verstehen, dass deine Emotionen zwar außerhalb deines unmittelbaren Bewusstseins auftreten können, aber dennoch einen sehr realen Einfluss auf dein Verhalten und deine Gedanken haben können.

Überlege, ob die Emotion, die aufkommt, mit einem Gedanken oder einer Idee zusammenhängt, die vernünftig oder plausibel ist. Gerade in negativen Situationen leitet das menschliche Gehirn häufig mögliche Ergebnisse aus unangemessenen Informationen ab. Während die negative Antwort, die du auf die Emotion haben könntest, selten nützlich ist, kann die Verwendung der Emotion als Zweckbestimmung dafür, ob der Gedanke gültig ist, dir helfen, übertriebene negative Gedanken und Emotionen zu durchbrechen.

Wenn du nach sorgfältiger Überlegung feststellst, dass die Situation, in der du dich befindest, tatsächlich eine negative Emotion rechtfertigt, dann solltest du als nächstes jeden möglichen Silberstreifen finden, egal wie suspekt er auch sein mag. Wenn das erledigt ist, wirst du dich mit so viel Kraft und Überzeugung wie möglich auf diesen Silberstreifen konzentrieren wollen. Während es wie eine Kleinigkeit erscheinen mag, kann diese einfache Änderung der Perspektive ausreichen, um deine Emotionen und damit deine Gedanken in eine positive Richtung zu verändern, um einen echten Unterschied zu machen, wenn es darum geht, Ergebnisse zu sehen.

Bei näherer Betrachtung könntest du die negative Situation auch als Mittel zur Selbstverbesserung nutzen. Wenn eine negative Situation entsteht könntest du eine produktivere Alternative finden, anstatt die negative Emotion ihren Lauf nehmen zu lassen, indem du sie stattdessen mit dem ultimativen Ziel der persönlichen Reflexion oder Selbstverbesserung neu ausrichtest. Wenn du zum Beispiel für eine Beförderung bei der Arbeit übergangen wurdest, könntest du wütend, traurig oder frustriert sein, weil die Chefs so blind waren, dass sie jemanden außer dir für den Job ausgewählt haben.

Eine produktivere Strategie wäre jedoch, einen Blick auf die Qualifikationen des erfolgreichen Kandidaten zu werfen oder einfach zu fragen und herauszufinden, warum du für die Stelle übergangen wurdest. Sich die Zeit zu nehmen, um das potenziell negative Motivationsereignis als Mittel zu nutzen, um sich für zukünftige Bemühungen zu verbessern, nimmt das Negative und macht es zu einem positiven. Aber nicht nur das – wenn du dir selbst ein neues Ziel gibst, wird es den Fokus vom Scheitern ablenken und es einfacher machen, sich auch an der Vergangenheit vorbei zu bewegen.

Nimm eine Änderung vor

Schaffe drastische Verbesserungen in dir selbst und anderen, indem du eine der grundlegendsten Methoden anwendest, um eine Veränderung der Perspektive zu bewirken. Wie du dich erinnern kannst, ist ein Frame in der NLP die Art und Weise, wie du das einschränkst, was du betrachtest. Es ist unmöglich, jede Information in deiner Welt zu berücksichtigen, um eine Entscheidung zu treffen, sodass es unabhängig davon, wie du über etwas denkst, einen Rahmen gibt. In der NLP führen wir ein Reframing durch, um den bestehenden Rahmen zu ändern und dadurch ein besseres Ergebnis zu erzielen.

Eine sehr wichtige Tatsache des Lebens ist, dass alles, was in der Natur passiert, absolut ist. Die Natur gibt uns den Schlüssel zum Sinn des Lebens, wenn wir nur im Einklang damit sein wollen. Um eins mit der Natur selbst zu sein. Was mit uns im Leben passiert, ist weder gut noch schlecht, bis wir ihm einen Sinn geben. Bis wir es in den Bereich eines Rahmens (Frame) stellen. In der NLP wird die Kunst, einen Bezugsrahmen zu ändern, als Reframing bezeichnet. Sein Zweck ist es, einem Einzelnen zu helfen, seine Handlungen und die Auswirkungen dessen, was er glaubt, aus einer alternativen Perspektive zu erfahren. Außerdem soll die Person einfallsreicher werden, indem sie mehr Auswahl in Bezug darauf hat, wie sie auf etwas reagiert.

Inhaltliches Reframing

Die Art und Weise, wie wir dem, was wir sehen, einen Sinn geben, wird davon bestimmt, worauf wir unsere Aufmerksamkeit richten. Es ist unsere Wahrnehmung eines Ereignisses. Einige können einen Stromausfall als eine große Störung betrachten, während andere ihn als eine Gelegenheit sehen könnten, sich mit ihren Lieben zu treffen und Intimität zu teilen.

Ein großartiges Beispiel für ein inhaltliches Reframing ergab sich während der Präsidentschaftskampagne im Jahr 1984 in den USA, in der es erhebliche Bedenken über das Alter von Ronald Reagan gab. Reagan erkannte dies und sagte: „Ich werde das Alter nicht zu einem Thema dieser Kampagne machen. Ich werde nicht die Jugend und Unerfahrenheit meines Gegners für politische Zwecke ausnutzen". Reagans Alter war für den Rest der Kampagne nie wieder ein Thema.

Wir alle haben eine unterschiedliche Sicht auf die Welt um uns herum. Wie wir etwas wahrnehmen, kann sich von der Art und Weise unterscheiden, wie andere dasselbe sehen. Eine Ansicht ist vielleicht nicht besser oder korrekter als die andere, sondern einfach anders. Nun, da wir wissen, dass es der Rahmen ist, der die Ursache unserer Emotionen und nicht die tatsächliche Situation ist, haben wir gelernt, dass es möglich ist, die Art und Weise, wie wir über etwas denken, zu ändern, indem wir einfach den Rahmen ändern, in dem wir es betrachten. Das Ziel ist es, etwas zu sehen, das negativ erscheint und unsere Wahrnehmung zu verändern, um es auf eine ganz andere Weise zu betrachten, unsere Emotionen und unsere Ansichten darüber zu verändern.

Die Kunst des Reframings kann als eine gute Strategie im Leben dienen und dabei helfen, die Dinge in einem positiven Licht zu sehen. Dieses Thema muss jedoch mit Vernunft angegangen werden, um nicht in einen Bereich der Selbsttäuschung abzugleiten. Du musst in der Lage sein, zwischen Realität und Fantasie zu unterscheiden und jede Situation mit Logik und Intelligenz zu betrachten. Unser Gehirn akzeptiert Reframes nicht lange, die nicht durch Logik und Denken gestützt werden.

Der Reframing-Prozess für Verhaltensänderungen

1. Nimm Kontakt mit dem Teil auf, der das Verhalten verursacht. Welche Gewohnheit oder welches Verhalten möchtest du ändern?
2. Verbinde dich mit deinem Unterbewusstsein auf einer bewussten Ebene. Meditiere, um herauszufinden, welche Submodalität dieses Verhalten verursacht.
3. Achte bewusst auf Veränderungen in Gefühlen und Physiologie.
4. Verstehe, was die Submodalität und ihr Anker intern

repräsentieren.

5. Beschreibe im Detail, was du durch die Umgestaltung dieser Submodalität erreichen willst.

6. Gibt es alternative Möglichkeiten, um das Ergebnis zu verbessern?

7. Wechsle zum kreativen Teil deines Unterbewusstseins – dem Teil, der dir geholfen hat, Lösungen für Chancen und Herausforderungen in der Vergangenheit zu finden und bitte ihn, im Bewusstsein zu kommunizieren.

8. Denke an drei alternative Möglichkeiten, um es besser zu machen.

9. Teste dein neues Verhalten und passe es an.

Lebensverändernde NLP Techniken

Dissoziation

Warst du jemals in einer Situation, die dir ein schlechtes Gefühl bereitete? Vielleicht hast du etwas erlebt, das dich jedes Mal runterzieht, wenn du es erlebst. Oder vielleicht wirst du in bestimmten Arbeitssituationen nervös, in denen du vor einem Publikum sprechen musst. Vielleicht wirst du schüchtern, wenn du dich diesem "besonderen Menschen" nähern willst, auf den du ein Auge geworfen hast. Während diese Gefühle von Traurigkeit, Nervosität oder Schüchternheit automatisch oder unaufhaltsam zu sein scheinen, können NLP-Techniken der Dissoziation enorm helfen.

1. Identifiziere die Emotionen (zum Beispiel Angst, Wut, Unbehagen, Abneigung gegen eine Situation), die du loswerden willst.
2. Stell dir vor, du könntest aus deinem Körper schweben und auf dich selbst zurückblicken und dem gesamten Sachverhalt aus der Perspektive eines Beobachters begegnen.
3. Beachte, dass sich das Gefühl dramatisch verändert.
4. Stell dir für einen zusätzlichen Schub vor, dass du aus deinem Körper schweben kannst, wenn du dich selbst ansiehst, dann schwebe wieder aus diesem Körper, sodass du dich selbst ansiehst, während du dich ansiehst. Diese doppelte Dissoziation sollte die negative Emotion aus fast jeder kleinen Situation nehmen.

Inhaltliches Reframing

Probiere diese Technik aus, wenn du das Gefühl hast, dass eine Situation negativ ist oder du hilflos bist. Das Reframing nimmt jede negative Situation und befähigt dich, indem es die Bedeutung der Erfahrung in etwas Positives verwandelt. Nehmen wir zum Beispiel an, dass deine Beziehung endet. Das mag an der Oberfläche schrecklich erscheinen, aber lass es uns neu gestalten. Was sind die möglichen Vorteile der Single-Situation? Zum Beispiel bist du jetzt offen für andere potenzielle Beziehungen. Du hast auch die Freiheit, das zu tun, was du willst und wann du willst. Und du hast wertvolle Lektionen aus dieser Beziehung gelernt, die es dir ermöglichen werden, in Zukunft noch bessere Beziehungen zu haben.

Dies sind alles Beispiele für das Reframing einer Situation. Indem du die Bedeutung der Trennung neu formulierst, gibst du dir selbst eine andere Erfahrung davon. In erwarteten Situationen ist es natürlich, in Panik zu geraten oder sich auf Angst zu konzentrieren, aber das führt einfach zu mehr Problemen. Im Gegensatz dazu hilft dir eine Fokussierung in der beschriebenen Weise, deinen Kopf frei zu bekommen und verantwortungsbewusste und ausgewogene Entscheidungen zu treffen.

Ankere dich selbst

Das Ankern stammt vom russischen Wissenschaftler Ivan Pavlov, der mit Hunden experimentierte, indem er wiederholt eine Glocke läutete, während die Hunde aßen. Nach wiederholtem Klingeln der Glocke stellte er fest, dass er bei den Hunden jederzeit einen Speichelfluss erzeugen konnte, indem er die Glocke klingelte, auch wenn kein Futter vorhanden war. Dies schuf eine neurologische

Verbindung zwischen der Glocke und dem Verhalten des Speichelflusses, die als konditionierte Reaktion bezeichnet wird. Du kannst diese Art von „Anker“ für die Reizreaktion selbst verwenden!

Das Ankern deiner selbst hilft dir, jede gewünschte positive emotionale Reaktion mit einer bestimmten Phrase oder Empfindung in Verbindung zu bringen. Wenn du eine positive Emotion oder einen positiven Gedanken wählst und ihn bewusst mit einer einfachen Geste verbindest, kannst du diesen Anker jederzeit auslösen, wenn du dich niedergeschlagen fühlst, sodass sich deine Gefühle sofort ändern werden.

1. Identifiziere, was du fühlen möchtest (zum Beispiel Selbstvertrauen, Glück, Ruhe, etc.).

2. Entscheide dich, wo du diesen Anker an deinem Körper platzieren möchtest, zum Beispiel durch Ziehen am Ohrläppchen, Berühren des Knöchels oder Drücken eines Fingernagels. Diese körperliche Berührung ermöglicht es dir, das positive Gefühl nach Belieben auszulösen. Es spielt keine Rolle, wofür du dich entscheidest, solange es sich um eine einzigartige Berührung handelt, die du nicht für gewöhnlich ausführen kannst.

3. Denke an eine Zeit in der Vergangenheit, in der du diesen Zustand gespürt hast (zum Beispiel Selbstvertrauen). Gehe mental zurück in diese Zeit und schwebe in deinen Körper, schaue durch deine eigenen Augen und erlebe diese Erinnerung wieder. Passe deine Körpersprache an das Gedächtnis und den Zustand an. Siehe, was du gesehen hast, höre, was du gehört hast und fühle das Gefühl, wenn du dich an diese Erinnerung erinnerst.

Du wirst anfangen, diesen Zustand zu spüren. Es ist vergleichbar mit dem Erzählen einer lustigen Geschichte aus der Vergangenheit und wenn du in die Geschichte „einsteigst“, fängst du wieder an zu lachen, weil du die Geschichte „assoziierst“ und sie „wieder erlebst“.

4. Wenn du zum Gedächtnis zurückkehrst, berühre, ziehe und drücke den Bereich auf deinem Körper, den du gewählt hast. Du wirst das Gefühl haben, dass es anschwillt, während du die Erinnerung wieder aufleben lässt. Lass die Berührung los, sobald der emotionale Zustand seinen Höhepunkt erreicht und nachlässt.

5. Dies erzeugt eine neurologische Reizreaktion, die den Zustand auslöst, wenn du diese Berührung erneut durchführst. Um diesen Zustand (zum Beispiel Selbstvertrauen) zu spüren, berührst du dich einfach wieder auf die gleiche Weise.

6. Um die Reaktion noch stärker zu gestalten, denke an eine andere Erinnerung, in der du diesen Zustand gespürt hast. Gehe zurück und erlebe ihn durch deine eigenen Augen und ankere den Zustand an der gleichen Stelle wie vorher. Jedes Mal, wenn du eine weitere Erinnerung hinzufügst, wird der Anker stärker und löst eine stärkere Reaktion aus.

Sorge dafür, dass andere dich mögen (Rapport)

Dies ist eine einfache Reihe von NLP-Techniken, aber sie haben die Kraft, dir zu helfen, mit praktisch jedem auszukommen. Es gibt viele Möglichkeiten, um Rapport mit einer anderen Person aufzubauen. Einer der schnellsten und effektivsten Wege stammt aus der NLP. Diese Technik beinhaltet die subtile Spiegelung der Körpersprache (Mirroring), des Tonfalles und der Worte einer anderen Person.

Menschen mögen Menschen, die ihnen ähneln. Durch die subtile Spiegelung des anderen Menschen feuert das Gehirn „Spiegelneuronen“ und Lustsensoren im Gehirn ab, die den Menschen ein Gefühl der Sympathie für jeden vermitteln, der sie spiegelt.

Einfluss und Überzeugungskraft

Obwohl ein Großteil der Arbeit der NLP darauf ausgerichtet ist, Menschen dabei zu unterstützen, negative Emotionen, einschränkende Überzeugungen, schlechte Gewohnheiten, Konflikte und mehr zu beseitigen, widmet sich ein anderer Teil der NLP der Frage, wie man andere ethisch beeinflusst und überredet. Einer der Mentoren auf dem Gebiet war ein Mann namens Milton H. Erickson. Erickson war ein Psychiater, der auch das Unterbewusstsein durch Hypnotherapie studierte (das echte, wissenschaftliche Zeug – nicht die sinnlose Unterhaltungshypnose, die man bei Bühnenshows sieht).

Erickson war so geschickt in der Hypnose, dass er eine Möglichkeit entwickelte, mit dem Unterbewusstsein anderer Menschen zu sprechen, ohne Hypnose zu benötigen. Er konnte Menschen buchstäblich jederzeit und überall in alltäglichen Gesprächen hypnotisieren. Diese ericksonische Methode der Hypnose wurde als „Gesprächshypnose“ bekannt. Dies ist ein sehr mächtiges Werkzeug, mit dem nicht nur andere beeinflusst und überzeugt werden können, sondern auch anderen Menschen dabei geholfen werden kann, Ängste, einschränkende Überzeugungen, Konflikte und mehr ohne ihr bewusstes Bewusstsein zu überwinden. Dies ist besonders nützlich, wenn es darum geht, Menschen zu erreichen, die ansonsten widerstandsfähig sein könnten, wenn sie es kennen (denke an Jugendliche, die nicht zuhören wollen).

NLP und Körpersprache

Wie du bereits weißt, ist die Körpersprache ein elementarer Teil des neurolinguistischen Programmierens, da du ständig beobachten musst, wie die andere Person sich fühlt. So kannst du einschätzen, inwiefern du deine Körpersprache anpassen (Mirroring) musst, um das gewünschte Ergebnis zu erzielen. Im folgenden Kapitel zeige ich dir einige eindeutige und aussagekräftige Hinweise, auf die du beim nächsten Mal achten kannst, wenn du dich mit jemandem unterhältst, einen Preis verhandelst oder mit deiner zukünftigen Flamme ausgehst.

Drei Regeln für akkurates Lesen

Was du in einer Situation siehst und hörst, spiegelt die wahren Einstellungen und Gedanken einer Person nicht zwingend wider. Halte dich an die drei folgenden Grundregeln, um die Körpersprache einer Person akkurat lesen zu können.

Erste Regel: Gesten als Gruppierungen

Einer der häufigsten Fehler, die ein Anfänger machen kann, ist das Lesen einer einzelnen Geste, in Isolierung zu anderen Gesten oder Umständen. Ein simples Kopfkratzen kann zum Beispiel vieles bedeuten: Unsicherheit, Schwitzen, Schuppen, Läuse, Vergessenheit oder sogar Lügen – es hängt zum Teil von anderen Gesten ab, die zur selben Zeit auftreten. Genau wie jede andere gesprochene Sprache, gibt es in der Körpersprache Wörter, Sätze und Zeichensetzung. Jede Geste verhält sich wie ein einzelnes Wort – ein einzelnes Wort kann zudem viele verschiedene Bedeutungen haben.

Erst wenn du ein Wort in einen Satz mit anderen Wörtern platzierst, kannst du die vollständige Bedeutung dahinter verstehen. Gesten werden in „Sätzen“ ausgeführt, die sich Gruppierungen nennen und stets die Gefühle und Einstellungen einer Person offenbaren.

Eine Körpersprachen-Gruppierung muss, genauso wie ein verbaler Satz, mindestens drei Wörter enthalten, bevor du die einzelnen Wörter definieren kannst. Eine „scharfsinnige“ Person ist jemand, der die Körpersprachen-Sätze lesen und diese mit den verbalen Sätzen abgleichen kann.

Halte dementsprechend stets Ausschau nach Gruppierungen, um die Körpersprache anderer Menschen korrekt lesen zu können. Jeder von uns hat eine oder mehrere Gesten, die sich ständig wiederholen und somit offenbaren, ob wir beispielsweise gelangweilt sind oder einen gewissen Druck empfinden. Das ständige Berühren der eigenen Haare ist ein gutes Beispiel dafür. Wenn diese Geste jedoch in Isolation betrachtet wird, bedeutet es mit hoher Wahrscheinlichkeit, dass die Person unsicher ist und Angst empfindet. Der Mensch streicht häufig über sein Haar oder seinen Kopf, da dies in frühen Jahren die Technik der Mutter war, um ihn zu trösten.

Du musst lediglich an die Geste der „kritischen Beurteilung“, um die Wichtigkeit von Gruppierungen verstehen zu können. Sie wird ausgeführt, indem die Hand die Wange berührt, während der Zeigefinger nach oben zeigt und der Mittelfinger den Mund verdeckt. Gleichzeitig wird das Kinn vom Daumen gestützt. Es gibt zudem einen weiteren Hinweis, der darauf deutet, dass der Zuhörer kritisch denkt: die Beine sind eng überschlagen, während ein Arm vor dem Körper liegt (defensiv). Der Kopf und das Kinn sind nach unten gerichtet (negativ/feindselig). Diese Körpersprachen-Gruppierung sagt aus, dass die Person nicht mag, was gesagt wird und insgeheim negative Gefühle empfindet.

Zweite Regel: Übereinstimmungen

Studien haben gezeigt, dass nonverbale Signale fünfmal so wirkungsvoll sind, wie die verbale Kommunikation. Des Weiteren ignorieren Frauen die verbale Botschaft und verlassen sich eher auf nonverbale Signale, wenn die Aussagen einer Person nicht mit ihrer Körpersprache übereinstimmen.

Wenn du eine Person nach ihrer Meinung fragst und sie dir daraufhin sagt, dass sie dir nicht zustimmt, könnte es möglicherweise der Wahrheit entsprechen. Jedoch fehlt an der Stelle ein entscheidender Teil: die Signale ihrer Körpersprache müssen mit ihren verbalen Sätzen übereinstimmen. Wenn die Person jedoch behaupten würde dir zuzustimmen, läge es nahe, dass sie nicht die Wahrheit sagt, da ihre Wörter und Gesten nicht miteinander übereinstimmen würden – sie wären somit inkongruent.

Nehmen wir an, du beobachtest einen Politiker, der eine Rede hält, währenddessen selbstsicher spricht, die Arme vor seiner Brust verschränkt (defensiv) und das Kinn tiefer hält (kritisch/feindselig). Würdest du diesem Politiker abkaufen, dass er aufgeschlossen und vorurteilslos gegenüber den Ideen junger Menschen ist? Was wäre, wenn er dich von seiner angeblichen Warmherzigkeit und Menschlichkeit überzeugen möchte, während er am Ende jedes Satzes mit seiner Faust auf das Rednerpult hämmert?

Sigmund Freud berichtete einst von einer Patientin, die verbal äußerte, glücklich in ihrer Ehe zu sein, aber gleichzeitig unbewusst ihren Ringfinger ab- und ansteckte. Freud wusste genau, wie wichtig diese kleine unbewusste Geste war – weshalb er nicht überrascht war, als plötzlich Eheprobleme auftraten.

Die Beobachtung von Gruppierungen und Übereinstimmungen der verbalen und nonverbalen Sprache sind die Schlüssel, um Gefühle und Emotionen anhand der Körpersprache verstehen zu können.

Dritte Regel: Der Kontext

Alle Gesten sollten innerhalb des Kontextes betrachtet werden, in dem sie auftreten. Wenn du beispielsweise jemanden beobachtest, der an einem kalten Wintertag an der Bushaltestelle sitzt, seine Arme verschränkt, seine Beine eng überschlägt und sein Kinn anzieht, ist es sehr wahrscheinlich, dass er nicht defensiv ist, sondern friert. Wenn die Person dir jedoch in einem Raum gegenübersitzt, während du ihr versuchst eine Idee, eine Dienstleistung oder ein Produkt zu verkaufen, wäre es naheliegend, dass die Person dir gegenüber negative Emotionen empfindet oder dein Angebot schlichtweg ablehnt.

Armsignale

Männer fühlen sich sicherer, wenn sie ihre Hände vor den Schritt halten

Armbarrieren

Das Verstecken hinter einer Barriere ist eine völlig normale Reaktion, die wir bereits in jungen Jahren lernen, um uns selbst zu schützen. Als Kinder haben wir uns hinter festen Gegenständen, wie Tische, Stühle und Möbel versteckt, sobald wir uns in bedrohlichen Situationen befanden. Wenn wir älter werden, entwickeln sich die Versteckmethoden ebenfalls weiter und werden weitaus ausgeklügelter. Für sechsjährige ist es beinahe schon inakzeptabel sich hinter Gegenständen zu verstecken. Deshalb wenden sie eine etwas andere Technik an, um Schutzbarrieren vor sich aufzubauen: sie verschränken ihre Arme vor der Brust, um sich zu schützen.

Im Jugendalter nimmt das Armeverschränken etwas unterschwellige Dimensionen an, indem sie etwas lockerer sind und in Kombination mit überschlagenen Beinen auftreten.

Wenn du einen oder beide Arme vor deiner Brust verschränkst, baust du eine Barriere vor dir auf, die unterbewusst dazu dient Gefahren und unterwünschte Umstände zu blockieren. Die Arme verschränken sich fest über dem Herzen und der Lungenregion, sodass die lebenswichtigen Organe vor Verletzungen geschützt werden können. Es ist also naheliegend, dass das Verschränken der Arme eine angeborene Geste ist. Affen weisen dasselbe Muster auf, um sich vor Frontalangriffen zu schützen. Eine Sache ist sicher: wenn eine Person nervös, negativ oder defensiv eingestellt ist, wird sie ihre Arme mit Sicherheit vor der Brust verschränken und so zeigen, dass sie sich bedroht fühlt.

Wieso das Verschränken der Arme nachteilig ist

Eine Forschung aus den USA, die durchgeführt wurde, um die Effekte von verschränkten Armen aufzuzeigen, hat beunruhigende Ergebnisse geliefert. Eine Gruppe Freiwilliger wurde gebeten, an einer Reihe von Vorlesungen teilzunehmen und währenddessen Arme und Beine entspannt und locker zu positionieren, sodass sie nicht verkrampft oder verschränkt sind. Am Ende der Vorlesungen wurden getestet, wie viel die Studenten sich merken konnten und wie fundiert das Wissen, bezüglich der unterschiedlichen Thematiken war – des Weiteren wurde die Einstellungen gegenüber des Dozenten überprüft.

Eine zweite Gruppe wurde durch den gleichen Prozess geführt. Diesmal wurden die Freiwilligen jedoch gebeten, ihre Arme während der Vorlesungen eng zu verschränken. Die Ergebnisse zeigten, dass die zweite Gruppe (mit den verschränkten Armen) sich an 38% weniger, als die erste Gruppe erinnern konnte. Des Weiteren stand die Gruppe den Vorlesungen und dem Dozenten kritischer gegenüber.

Verstärktes Armeverschränken

Wenn eine Person die Arme verschränkt und dazu auch noch die Fäuste ballt, weißt du genau, dass sie extrem feindselig und defensiv gestimmt ist. Wenn diese Geste mit einem schmallippigen Lächeln oder zusammengebissenen Zähnen kombiniert wird, kannst du dich auf einen verbalen oder sogar physischen Angriff gefasst machen. An dieser Stelle ist eine schonende und rücksichtsvolle Herangehensweise erforderlich, um herauszufinden, wodurch das Verhalten ausgelöst wurde – diese Thematik ist jedoch am besten in einem anderen Buch aufgehoben.

Armgriff

Den doppelten Armgriff erkennst du daran, dass die Person sich fest an beide Arme klammert, um sich selbst zu bestärken und den Oberkörper zu bedecken. Manchmal greifen Menschen dermaßen fest zu, dass die Finger und Knöchel weiß werden, da die Blutzirkulation abgeschnürt wird. Menschen wenden diese Geste an, um sich zu beruhigen – es ist eine Art Selbstumarmung. Du wirst den Armgriff gelegentlich in den Wartezimmern von Arzt- und Zahnarztpraxen entdecken. Diese Geste signalisiert eine negative und zurückhaltende Einstellung.

Wie Stars und Reiche ihre Unsicherheiten offenbaren

Menschen, die ständig im Rampenlicht stehen, wie zum Beispiel Politiker, Schauspieler und andere öffentliche Persönlichkeiten, wollen ihre Unsicherheiten und Nervositäten häufig verbergen. Sie ziehen es vor eine ruhige, entspannte und kontrollierte Einstellung zu projizieren, sobald sie von anderen Menschen gesehen werden – ihre Ängste zeigen sich jedoch in kleinen, getarnten Momenten in Form von Armsignalen. Genau wie bei den anderen Armverschränkungen, verdeckt mindestens ein Arm den Oberkörper und greift gleichzeitig den anderen Arm oder eine Hand hält oder berührt eine Handtasche, ein Armband, eine Uhr oder einen Ärmel. Eine Barriere wird geformt, sodass das Gefühl von Sicherheit aufrechterhalten werden kann.

Männer, die Manschettenknöpfe tragen, fummeln häufig an diesen herum, sobald sie durch einen vollen Raum oder eine Tanzfläche gehen und von mehreren Menschen gesehen werden. Du kannst dir Aufnahmen von Prince Charles anschauen, wenn du diese Geste in Aktion beobachten möchtest. Man sollte meinen, dass er nach jahrelanger Öffentlichkeitserfahrung resistent gegen Nervosität sein müsste – seine getarnten Armverschränkungen offenbaren jedoch, dass er genauso nervös wie du oder ich sein kann, sobald er vor großen Menschenmengen auftreten muss.

Ein unsicherer oder ängstlicher Mann fummelt häufig an seiner Armbanduhr herum, um diese anzupassen. Des Weiteren überprüft er die Inhalte seiner Brieftasche, reibt seine Hände aneinander, spielt mit einem Knopf an seinem Ärmel oder nutzt eine beliebige Geste, damit sein Arm seinen Oberkörper bedecken kann.

Kleiner Tipp: du erkennst unsichere Geschäftsleute daran, dass sie einen Koffer oder eine Mappe vor dem Körper halten.

Bei Frauen sind derartige getarnte Signale eher schwieriger zu beobachten, da sie zum Beispiel nach Handtaschen greifen können, sobald sie nervös oder unsicher sind. Die häufigste Version einer unterschwelligen Barriere, ist das Halten eines Glases mit beiden Händen. Du benötigst lediglich eine Hand, um ein Glas zu halten. Beide Hände ermöglichen es einer Person jedoch, eine unscheinbare Armbarriere aufzubauen.

Die Macht der Hände

Die Hände waren die wichtigsten Instrumente in der menschlichen Evolution. Des Weiteren gibt es mehr Verbindungen zwischen den Händen und dem Gehirn, als zwischen allen anderen Körperteilen. Nur wenige achten darauf, wie sich ihre Hände bewegen oder wie sie andere Hände schütteln, wenn sie auf Menschen treffen. Im Laufe der Geschichte wurde die offene Handfläche mit Ehrlichkeit, Loyalität, Unterwerfung und der Wahrheit assoziiert. Viele Eide werden heute immer noch mit der erhobenen Hand abgelegt; die Bibel wird in der linken Hand gehalten, während die (offene) rechte Hand dem Gericht gezeigt wird.

Einer der wertvollsten Hinweise, der darauf deutet, ob eine Person ehrlich ist oder lügt, ist die Sichtbarkeit der Handfläche. Genauso wie ein Hund seinen Hals darlegt, um Unterwerfung zu zeigen, nutzen Menschen ihre Handflächen, um zu demonstrieren, dass sie unbewaffnet sind und somit keine Bedrohung darstellen.

Wie du Offenheit entdeckst

Wenn Menschen offen oder ehrlich erscheinen wollen, zeigen sie dem Gegenüber häufig eine oder beide Handflächen und sagen beispielsweise Folgendes: „Ich war's nicht!“, „Es tut mir leid, wenn ich dich verärgert habe.“ oder „Ich sage die Wahrheit.“

Wenn sich jemand öffnet oder ehrlich ist, wird er seine Handflächen mit hoher Wahrscheinlichkeit teilweise oder auch vollständig offenbaren.

Wie es bei so vielen Körpersignalen der Fall ist, erfolgt diese Geste komplett unterbewusst – es ist eine Geste, die dir ein „intuitives“ Gefühl oder eine Ahnung gibt, sodass du automatisch weißt, dass dein Gegenüber dir die Wahrheit sagt (oder eben nicht.)

Wenn Kinder lügen oder etwas verheimlichen, verstecken sie ihre Handflächen häufig hinter dem Rücken. Genauso versteckt ein Mann, der nicht preisgeben möchte, wo er nach einer langen Nacht mit den Jungs war, seine Hände in den Hosentaschen oder verschränkt seine Arme vor der Brust, wenn seine Partnerin anfängt Fragen zu stellen. Eine Frau, die etwas zu verstecken versucht, wird vermeiden über das Thema zu reden oder plötzlich diverse Themen ansprechen, die in keinem Zusammenhang stehen, während sie unzählige Aktivitäten zur selben Zeit ausführt.

Verkäufer lernen häufig, dass sie auf die offenen Handflächen des Kunden achten müssen, während er begründet, weshalb er das Produkt nicht kaufen kann. Was hat es damit auf sich?

Wenn ein Kunde triftige Gründe vorweisen kann, sind seine Handflächen für gewöhnlich zu sehen. Wenn Menschen ihre Beweggründe offen und ehrlich erklären, nutzen sie ihre Hände und offenbaren gleichzeitig ihre Handflächen – wohingegen eine unehrliche Person zwar dieselben verbalen Antworten gibt, aber gleichzeitig ihre Handflächen verdeckt.

Das Verstecken der Hände in den Hosentaschen ist die Lieblingsmethode von Männern, die nicht an Konversationen teilnehmen wollen. Die Handflächen waren ursprünglich wie die Stimmbänder der Körpersprache, da sie mehr „reden“, als jeder andere Körperteil.

Die Wirkung der Handflächen

Die Handflächen gehören zu den Körpersignalen, die am wenigsten von anderen Menschen wahrgenommen werden und dennoch sehr wirkungsvoll sind. Mit Hilfe der Handflächen können Befehle gegeben, Richtungen gezeigt und andere Hände zur Begrüßung geschüttelt werden. Wenn du deine Handflächen auf eine gewisse Art und Weise einsetzt, erlangst du eine stille Autorität. Es gibt drei verschiedene Handflächengesten: die nach oben gerichtete Handfläche, die nach unten gerichtete Handfläche und die geschlossene Handfläche mit ausgestrecktem Finger.

Die Unterschiede dieser Gesten werden in folgendem Beispiel deutlicher: nehmen wir an, du bittest jemanden etwas abzuholen und zu einem bestimmten Ort zu transportieren.

Du nutzt in jedem der Szenarien dieselbe Stimmlage, dieselben Wörter und dieselben Gesichtsausdrücke – das einzige, was variiert, ist die Position deiner Handflächen.

Die nach oben gerichtete Handfläche ist eine unterwürfige und harmlose Geste, die leicht an die bittende Geste eines Bettlers erinnert. Aus evolutionärer Sicht zeigt diese Geste, dass du unbewaffnet bist und somit keine Gefahr darstellst. Die Person, die du gefragt hast, wird sich von deiner Anfrage dementsprechend nicht bedroht fühlen und ebenso wenig Druck verspüren.

Wenn die Handfläche hingegen nach unten gerichtet wird, strahlst du unmittelbare Autorität aus. Die andere Person wird realisieren, dass du ihr einen Befehl gegeben hast und sich infolgedessen (höchstwahrscheinlich) dir gegenüber feindselig verhalten – das hängt jedoch ganz von eurem Verhältnis ab. Wenn dein Gegenüber den gleichen sozialen Status hat, wird deine Anfrage mit Sicherheit abgelehnt, wenn du sie mit einer nach unten gerichteten Handfläche ausführst – hier wäre eine Anfrage mit nach oben gerichteter Handfläche sinnvoll. Wenn Paare Händchen halten, ist die Handfläche des dominanteren Partners nach hinten gerichtet, während die Hand des anderen Partners nach vorne gerichtet ist. Diese simple Position verrät einem Beobachtet sofort, wer die Hosen anhat.

Die geschlossene Handfläche mit ausgestrecktem Finger fungiert wie eine symbolische Keule, mit der der Zuhörer bildlich geschlagen wird, bis er unterwürfig ist. Im Unterbewusstsein erweckt diese Geste negative Gefühle im Gegenüber, da sie einem physischen Angriff extrem ähnlich sieht. Diese Geste gehört zu den nervigsten Gesten, die ein Mensch während einer Interaktion nutzen kann – besonders wenn sie im Einklang mit dem Takt der Worte ist. In Ländern wie Malaysia und den Philippinen ist das Zeigen mit dem Finger eine hochgradige Beleidigung, da derartige Gesten nur genutzt werden, um auf Tiere zu zeigen. Malaysier nutzen ihre Daumen, um Wegbeschreibungen zu geben und auf Menschen zu zeigen.

Schlusswort

Danke, dass du bis zum Ende dieses Buches gelesen hast. Es sollte informativ gewesen sein und dir alle Werkzeuge zur Verfügung gestellt haben, die du brauchst, um deine Ziele zu erreichen, egal wie sie aussehen mögen. Nur weil du dieses Buch durchgelesen hast, bedeutet das nicht, dass es nichts mehr zu diesem Thema zu lernen gibt. Die Erweiterung deines Horizontes ist der einzige Weg, um die gewünschte Meisterleistung zu finden. Jetzt, da du es bis zum Ende dieses Buches geschafft hast, hast du hoffentlich ein Verständnis dafür, wie du anfangen kannst, NLP für dich zu nutzen, sowie eine Strategie oder zwei oder drei, die du gerne zum ersten Mal versuchen möchtest.

Bevor du loslegst und anfängst, alles zu geben, ist es jedoch wichtig, dass du realistische Erwartungen bezüglich des Niveaus des Erfolgs hast, das du in naher Zukunft erwarten solltest. Während es völlig richtig ist, dass einige Menschen direkt nach dem Start großen Erfolg haben, ist es eine bedauerliche Tatsache des Lebens, dass sie die Ausnahme und nicht die Regel sind. Was bedeutet, dass du erwarten solltest, eine Art Lernkurve zu erleben, besonders wenn du zum ersten Mal herausfindest, was für dich funktioniert.

Das ist jedoch völlig normal und wenn du durchhältst, wirst du dadurch letzten Endes umso erfolgreicher. Anstatt deine Hoffnungen auf ein unrealistisches Maß zu heben, solltest du deine Zeit, die du damit verbracht hast, mit NLP zu experimentieren, als Marathon und nicht als Sprint betrachten.

Das bedeutet, dass Langsamkeit und Gleichmäßigkeit das Rennen jedes Mal gewinnen werden. Wenn du dieses Buch in irgendeiner Weise nützlich findest, ist eine Rezension bei Amazon immer willkommen!

Viel Spaß und viel Erfolg!

Literaturverzeichnis

Roger Ellerton. What is NLP? http://www.nlp-center.net/articles/what-is-nlp.html

Roger Ellerton. Reframing. http://www.nlp-center.net/articles/reframing.html

Aaron Kandola. What is NLP and what is it used for? (2017) https://www.medicalnewstoday.com/articles/320368.php

Personal Development Planet. NLP Rapport & Body Language. https://www.personal-development-planet.com/nlp-rapport.html

Über den Autor

Liebe/r Leser/in,

Ich hoffe, dieser Ratgeber hat dir gefallen und ich konnte dich bei deiner persönlichen Entwicklung unterstützen!

Wir versuchen dem/r Leser/in für möglichst wenig Geld den größten Mehrwert zu einem Thema zu bieten. Kompakt, verständlich und preiswert.

Solltest du zusätzliche Informationen benötigen, besorge dir doch einfach weitere Fachliteratur zu diesem Thema. Ansonsten wünsche ich mir, dir einen tollen ersten Einblick in das Thema „NLP für Anfänger" ermöglicht zu haben!

NextLevel
ACADEMY

Hier geht es zu unserer Verlags-Seite:
https://www.amazon.de/Next-Level-Academy/e/B07FTQ3DLL

Disclaimer:

Die Inhalte dieses Buches wurden mit größtmöglicher Sorgfalt erstellt. Der Anbieter übernimmt jedoch keine Gewähr für die Richtigkeit, Vollständigkeit und Aktualität der bereitgestellten Inhalte. Die Nutzung der Inhalte des Buches erfolgt auf eigene Gefahr des Nutzers.

Kontakt: Patrick Ziegler/Flurstraße 33/71522 Backnang
Covergestaltung: Germancreative
Coverfoto: depositphotos

44277330R00061

Printed in Poland
by Amazon Fulfillment
Poland Sp. z o.o., Wrocław